はじめての
プロジェクション マッピング

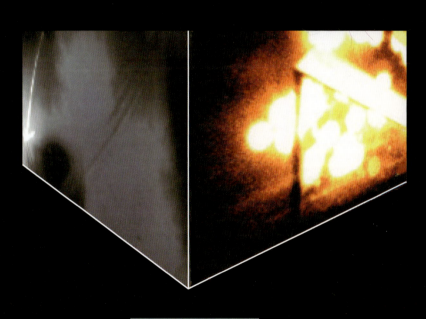

Color Index

第1章 「プロジェクション・マッピング」の基礎

「プロジェクション・マッピング」とはどういったものなのか、その概要と、大規模〜小規模な「プロジェクション・マッピング」の例を紹介。

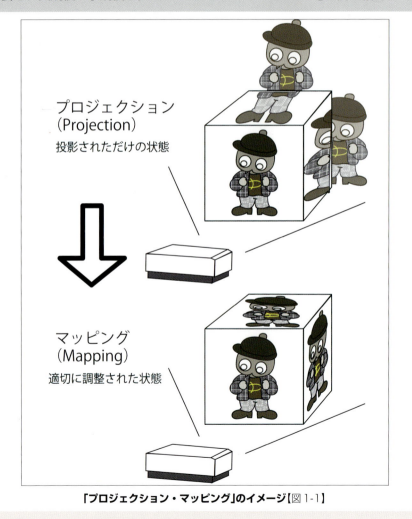

「プロジェクション・マッピング」のイメージ【図1-1】

「プロジェクション・マッピング」の基礎（第1章）

鶴ヶ城に大規模な映像を投影したイベント「あかべこ ものがたり」【図1-2】

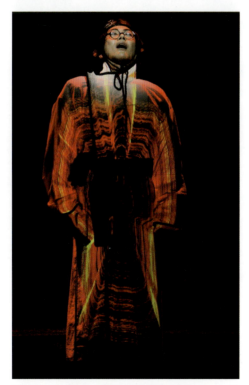

動いている役者の衣装に直接映像を投影【図1-3】
「敦－山月記・名人伝－」撮影：細野晋司　提供：世田谷パブリックシアター

Color Index

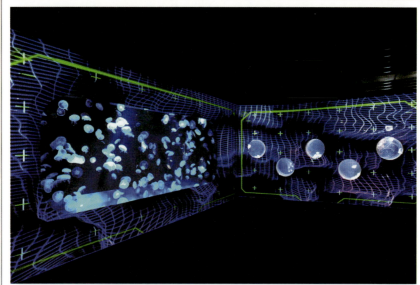

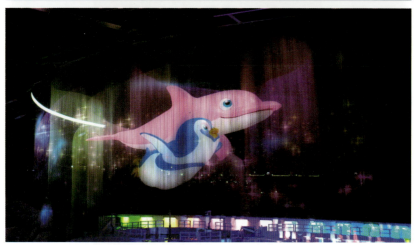

京都水族館で開催された「アクアリウムファンタジー」(上)と、
「ウォーターヴィジョン」(下)【図1-4】

スマホで「プロジェクション・マッピング」を楽しめる「ハコビジョン」【図1-6】

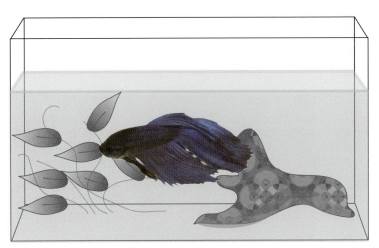

水槽に魚の映像を投影【図1-8】

Color Index

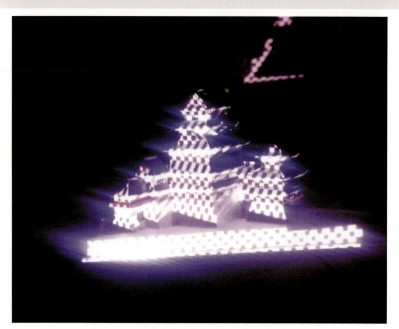
プラモデルのお城に映像を投影して模様付け【図1-9】

身体を動き回るキャラクター【図1-10】

第2章 「PMソフト」の導入

「プロジェクション・マッピング」用に素材の調整や設定ができる専用ソフト、「VPT」(VideoProjectionTool)の機能を解説。

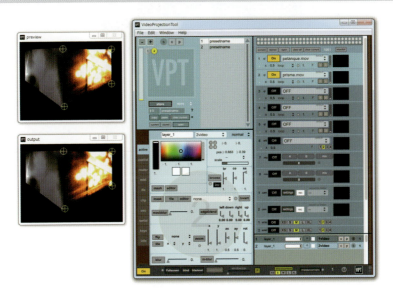

「VPT」の起動画面【図2-1】

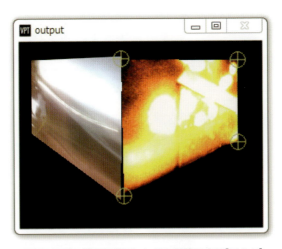

実際の投影の様子を確認しながら調整できる【図2-5】

第3章　動画を映して、調整する

「VPT」を実際に使いながら、素材の調整や加工していく方法を解説。

「ハンドル」を使った、素材の変形【図3-11】

素材の大きさや、縦横の幅を変形する【図3-13、図3-17】

動画を映して、調整する（第3章）

回転も可能【図3-18】

ボカシ機能（左）とブレ機能（右）【図3-31】

「マスク」による素材の切り取りと、2つの素材を組み合わせ【図3-39、図3-49】

Color Index

第4章 「マッピング」してみよう

「プロジェクション・マッピング」の初歩として、単純な「箱」や「空き缶」などに、実際にマッピングを試してみます。

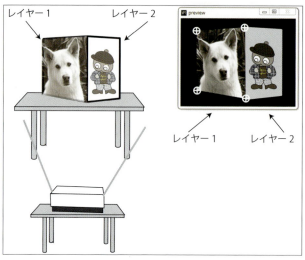

面の数だけ素材を用意して、それぞれに投影する【図4-6】

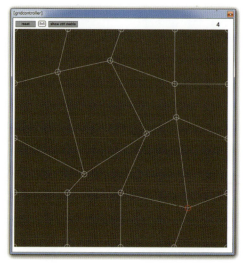

「メッシュ編集ウィンドウ」を使った画像の調整【図4-11】

第5章　素材の作り方

　表現の幅を広げるために、「動画」や「画像」などの「VPT」で投影するオリジナル素材を、自分で作ってみます。

Windowsに付属する「ペイント」を使って、素材を作る【図5-5】

素材を切り抜く「マスク」の作成【図5-29】

はじめに

　「プロジェクション・マッピング」と言えば、お城や建物、水族館のショーや展示、お芝居を思い浮かべる人も多いでしょう。
　音楽やナレーションに合わせて、見慣れた建物が華麗に変わっていく様子は、壮観の一言です。

　これらの「プロジェクション・マッピング」は、とても個人ではできないように見えます。しかし、実は、パソコンとプロジェクタ、専用のソフトさえあればすぐにでも試すことができます。

*

　本書は、個人で手軽に「プロジェクション・マッピング」に挑戦してみる本です。
　「家庭用のプロジェクタ」と、「VPT」(Video Projection Tool)というフリーの専用ソフトを使って、部屋の壁や、プラモデル、人の体などに投影します。
　また、投影する動画についても、Microsoft Officeの「PowerPoint」や、Windows付属の「ペイント」を使って作るため、動画作成ソフトや画像ソフトを使ったことのない人でも、始めることができます。

　難しそうなイメージがあるかもしれませんが、まずはやってみましょう。構成はシンプルなので、そんなに難しくはありません。
　最初は、単に映像を映すだけでも、次第にコツが分かって、いつの間にか格好良く素晴らしい「プロジェクション・マッピング」ができるようになると思います。

　それでは、愉快でファンタスティックな「プロジェクション・マッピング」の世界を楽しんでみてください。

小笠原　種高

はじめての プロジェクション マッピング

CONTENTS

Color Index	2
はじめに	13
サンプルファイルのダウンロード	16

第1章　「プロジェクション・マッピング」の基礎

[1-1]	「プロジェクション・マッピング」とは	18
[1-2]	自宅で試す「プロジェクション・マッピング」	24
[1-3]	必要なものを揃える	26

第2章　「PMソフト」の導入

[2-1]	「VPT」のインストール	40
[2-2]	「VPT」の基本機能	42
[2-3]	レイヤー・ペイン	45
[2-4]	ソース・ペイン	48
[2-5]	レイヤー設定ペイン	54
[2-6]	コントロールタブ	55
[2-7]	コントロールバー	65

第3章　動画を映して、調整する

[3-1]	「VPT」の仕組み	68
[3-2]	動画の調整	72
[3-3]	動画の加工	84

第4章　「マッピング」してみよう

[4-1]	立体に投影してみる	102
[4-2]	動画を分割して投影する	106
[4-3]	「メッシュ」を使って、丸底の空き缶に投影する	107

CONTENTS

第5章	素材の作り方	
[5-1]	自分で素材を作る	116
[5-2]	画像素材を作るためのポイント	117
[5-3]	「ペイント」で画像素材を作る	119
[5-4]	「PowerPoint」で動画素材を作る	125
[5-5]	「オリジナルのマスク」を作る	135

第6章	「VPT」のさまざまな機能	
[6-1]	キュー（cue）	146
[6-2]	動画をミックスする	151
[6-3]	「モジュール・タイプ」の変更	154

附　録		
「VPT」インストール作業の補足		155

| 索　引 | | 159 |

サンプルファイルのダウンロード

　本書の「**サンプルファイル**」は、工学社ホームページのサポートコーナーからダウンロードできます。

＜工学社ホームページ＞
```
http://www.kohgakusha.co.jp/
```

　ダウンロードしたファイルを解凍するには、下記のパスワードを入力してください。

```
qh3qFHRAvDBQ
```

すべて「半角」で、「大文字」「小文字」を間違えないように入力してください。

＊

サンプルファイルの内容は、以下のとおりです。

- **obake.mp4**…第3章で利用するゴーストハウスの動画。
- **obake.pptx**…ゴーストハウスのPowerPointファイル。
- **dandance.mp4**…DANⅡ世(月刊I/Oマスコットキャラ)のダンス動画。ダンスのモーションはAHS社の「キャラミんStudio」で作っている。
- **inumask.png**…犬の形のマスク・ファイル。
- **kirakiramask.png**…丸と☆のマスク・ファイル

●各製品名は、一般に各社の登録商標または商標ですが、®およびTMは省略しています。

第1章 「プロジェクション・マッピング」の基礎

本書を手に取られたあなたは、少なからず「プロジェクション・マッピングをやってみたい」と考えているはずです。

昨今では、大きい物は城や建物、小さい物はサイコロまで、さまざまな「プロジェクション・マッピング」が行なわれています。

一見難しそうに見えますが、単純なものであれば、そうでもありません。

城や建物とは言わないまでも、部屋の壁や自分の車、はたまた自分自身など、気軽に身近なものに投影して遊んでみましょう。

身体を動き回るキャラクター

第1章 「プロジェクション・マッピング」の基礎

1-1 「プロジェクション・マッピング」とは

■「プロジェクション」+「マッピング」

「プロジェクション・マッピング」とは、Projection(投影)と、Mapping(対応付け)を合わせた言葉です。

つまり、投影したものを、凹凸に合わせてきれいに見えるように調整したものをそう呼んでいました。しかし最近では、単純に画像や動画を立体物や壁面に投影したものも、これに含まれるようです。

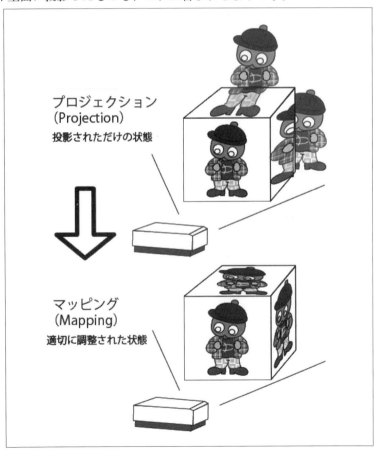

図1-1 「プロジェクション・マッピング」のイメージ

[1-1]　「プロジェクション・マッピング」とは

「プロジェクション・マッピング」の歴史は古く、1960年代からあったと言われています。

日本で最初に多くの人に認識された「プロジェクション・マッピング」は、おそらく東京ディズニーランド(1983年開園) の「ホーンテッド・マンション」(999人の幽霊が居るお化け屋敷アトラクション) でしょう。アトラクション内では、多くの幽霊が投影されています。

■さまざまな「プロジェクション・マッピング」

ディズニーランドを例に挙げてしまうと、「プロジェクション・マッピング」が、"プロでないとできない"とか、"お金が要りそう"と思うかもしれませんが、そんなことはありません。

一口に「プロジェクション・マッピング」と言っても、大規模なものから小規模なものまで、さまざまな使われ方があります。

＜大規模＞「お城」や「建物」への投影

ニュースでよく見聞きするのは、これでしょう。

城や建物などに、ピッタリ合うように（マッピングして）投影します。

鶴ヶ城、金沢城、大阪城、東京駅やシンデレラ城などの「プロジェクション・マッピング」が有名です。

図1-2　鶴ヶ城に大規模な映像を投影したイベント「あかべこ ものがたり」
http://www.fukushimasakura.jp/tsurugajo/sp/

第1章 「プロジェクション・マッピング」の基礎

こうしたプロジェクタは、一台1000万円以上する高級なものを10台以上使用する大がかりなもので、「見るアトラクション」としての性質をもちます。

＜中規模＞「照明」や「舞台効果」

演劇の現場や水族館では、照明や舞台効果としての「プロジェクション・マッピング」が行なわれています。

これは、単体で見るアトラクションというよりは、その場面の効果を高めるために利用します。

演劇では、舞台正面の壁に「書割」（かきわり：背景）として使ったり、照明として使う例があります。

変わったところでは、俳優の白い衣装に、模様を投影しているものもありました。

「Kinect」（キネクト）のようなものを利用して、動きに合わせてマッピングすることも可能です。

図1-3　照明の代わりに投影された映像の中で芝居をしたり、動いている役者の衣装に直接映像を投影する
（左）「骨董花火譚」撮影：酒井音次郎
（右）「敦―山月記・名人伝―」撮影：細野晋司　提供：世田谷パブリックシアター

[1-1] 「プロジェクション・マッピング」とは

　水族館では、スクリーンではなく、大水槽に映像を投影したり、イルカショーのときに、霧状に噴水した水のカーテンに映し、ショーを盛り上げる例があります。

　特に、京都水族館では、展示の要所に「プロジェクション・マッピング」を使うことで、海中で魚を見ているような演出が行なわれています。

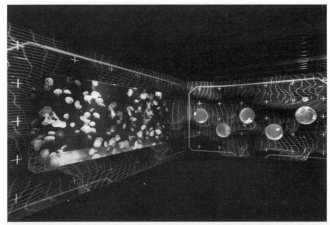

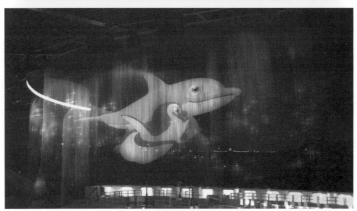

図1-4　京都水族館で開催された、アクアリウムファンタジー（上）と、ウォーターヴィジョン（下）

　これらの「プロジェクション・マッピング」は、ごく小さな会場であれば、普通のプロジェクタ1台でも体験できます。

＜小規模＞「卓上」にある小さなものに投影

「プロジェクション・マッピング」の定義は、「投影してマッピングすること」なので、当然、卓上でもできます。

最近では、手のひらサイズのプロジェクタも発売されており、手軽に楽しむことができます。

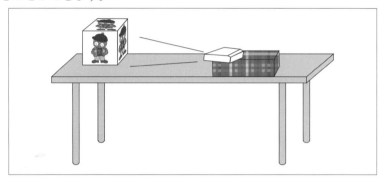

図1-5　小さなプロジェクタを使った「プロジェクション・マッピング」

＜小規模＞「スマホ」を利用

バンダイから発売されている「ハコビジョン」は、対応のスマートフォンを使って「プロジェクション・マッピング」するオモチャです。

「ハコビジョン」自体は、シンプルな仕組みなので、インターネット上では、自作で「ハコビジョンもどき」を作っている人もいるようです。

図1-6　ハコビジョン
(http://www.bandai.co.jp/candy/hakovision/index.html)

Column 昔の「プロジェクション・マッピング」

演劇の現場や学校などでは、「スライド」や「8ミリカメラ」を利用した簡易的な「プロジェクション・マッピング」が昔から行なわれていました。しかし、素人にはなかなか敷居が高いものでした。

*

「スライド」は、普通のフィルムカメラと、リバーサルフィルム（ポジフィルム、スライドフィルムとも呼ぶ）で撮影が可能です。

一方、「スライド映写機」がやや高額で、個人で所有する例は少なく、スライドの切り替えごとに「ガシャガシャ」と音がしてしまうのも、難しい問題でした。

なお、現像は、カメラ店に出すときに「スライド用で」と伝えると、スライド用のマウントを付けてくれます（マウント仕上げ）。

*

「8ミリ」は、8ミリカメラとフィルムで撮影し、専用映写機で映します。

こちらも、80年代後半には「8ミリビデオカメラ」や、「VHS-C」などの普及によって、持っている人が少なかったため、やはり素人には手を出しづらい分野でした。

また、どちらも「現像」という工程を経るため、撮ってはみたけれど上手くいかない、映写機の光量が足りない、8ミリは編集が面倒など、手間がかかりました。

現在では、これらの問題はパソコンを使っての「プロジェクション・マッピング」で、ほぼ解決されています。

第1章 「プロジェクション・マッピング」の基礎

1-2 自宅で試す「プロジェクション・マッピング」

　城や建物など、大がかりなイメージの強い「プロジェクション・マッピング」ですが、前節で説明したように、「中規模」から「小規模」であれば、個人でも充分に体験できます。

　ここで使うプロジェクタも、プレゼンやホームシアターで使うような「個人用プロジェクタ」一台だけです。

　いつも使っているプロジェクタをちょっと取り外して、「プロジェクション・マッピング」を試してみましょう。

■個人でできる「プロジェクション・マッピング」

　では、個人でできる「プロジェクション・マッピング」には、どういったものが考えられるでしょうか。以下に一例を挙げてみます。

●自宅で「お化け屋敷」

　大がかりなものは無理にしても、自室を「お化け屋敷」にするくらいのことはできそうです。

　オバケが移動する動画を使って、壁や棚に映してみましょう（第3章の作例で扱います）。

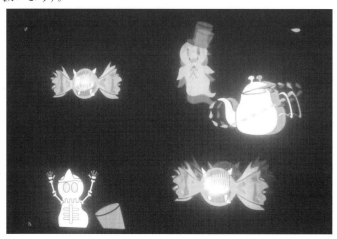

図1-7　本書で扱う動画素材

[1-2]　自宅で試す「プロジェクション・マッピング」

●「水槽」に魚を投影

　大水槽が家にある人はわずかですが、30cm程度の水槽ならば、持っている人もいると思います。
　この水槽に、魚の映像を映してみるのも「プロジェクション・マッピング」の一例です。

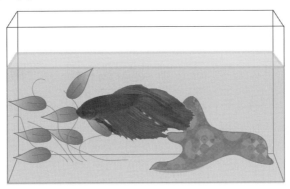

図1-8　水槽に魚の映像を投影

●「プラモデル」に模様などを投影

　あまり形状が複雑ではない、比較的"のっぺり"したようなプラモデルであれば、「プロジェクション・マッピング」も容易です。
　色が付いているよりも、白色のほうが投影しやすいので、マットな色のプラモデルを用意するといいでしょう（**第4章の作例で扱います**）。

図1-9　プラモデルのお城に映像を投影して模様付け

第1章 「プロジェクション・マッピング」の基礎

●「自分」に映像を投影

　自分の身体などに、キャラクターを登場させるようなことも考えられます。

　また、顔に「隈取り」のような化粧を映す、というのも面白いでしょう。

図1-10　身体を動き回るキャラクター

1-3 必要なものを揃える

■個人向け「プロジェクション・マッピング」に必要なもの

　個人で行なう「プロジェクション・マッピング」なら、あまり大げさなものは必要なく、次のものを用意するだけです。

●パソコン

　後述の「プロジェクション・マッピング（PM）ソフト」を使った作業や、「プロジェクタ」と接続するために利用します。特に、「PMソフト」を使える程度のスペックは必須になります。

　本書では、「VPT」というフリーのソフトを使っていますが、そちらの使用条件は次ページの**表1-1**のようになっています。

　　　　　　　　　　　　　＊

　筆者が確認したところ、「Windows7」が入っているパソコンであれば、たいていは動くようです。

[1-3] 必要なものを揃える

「Pentium4」や「Windows XP」などでも動作はしますが、パソコンのスペック的に動画再生などの処理に時間が掛かる恐れがあります。

最初のうちは、新しめのデスクトップパソコンなどで、ソフトの挙動になれることをお勧めします。

また、「QuickTime」が原因で上手く動かないこともあります。その場合は、**附録**を参考に調整してください。

表1-1 「VPT」の使用条件

CPU	Pentium4、Celeron以降。 Core i7／i5／i3、Core 2 Quad、Core 2 duoなどであれば問題ないが、筆者の環境では、「Core 2 duo」で起動しないトラブルもあったので、古めのCPUの場合は注意が必要。
OS	Windowsの場合は、「XP／Vista／7」(8／8.1／10については対応保証していないので、要確認)。 Mac OSの場合は、「Mac OS X10.5」以降（Intelプロセッサ搭載以降。ただし最新のものは、要確認)。
メモリ	1GB以上。複数の動画を再生する場合は、それに応じてさらにメモリ容量が必要になる。
その他	「QuickTime 7.1」以降をインストールずみ。また、グラフィックカードは3DのAPI、「OpenGL 1.4」以降に対応したものが必要になる。 「OpenGL」は、Windows XP時代のパソコンや、Vista時代のノートパソコンなどは、対応してないことも多い。OpenGLはグラフィックカードのドライバに内蔵されているので、メーカーが提供していなければ、対応していない。

※アップルは、2016年4月に「QuickTime for Windows」のサポート終了を告知している。
Windows用の「QuickTime」の詳細については、工学社のサポートページを参照。

●プロジェクタ

「パソコン」に接続すると、モニタとして認識されます。

主にパソコンのデスクトップ画面（モニタの画面）をそのまま壁や物体に投影するのに利用します。

どのようなスペックのプロジェクタを用意するかは、投影したいサイズや解像度と相談で決定するといいでしょう（詳しくは後述）。

第1章 「プロジェクション・マッピング」の基礎

●プロジェクション・マッピング(PM)ソフト(本書では、「VPT」を使用)

　物体に合わせてマッピングしたり、投影する素材の形やタイミングを管理するためのソフトです。

　基本的には、「パソコン」と「プロジェクタ」さえあれば、投影自体は可能ですが、マッピング作業は複雑な準備が必要になるため、できるだけ「PMソフト」を使ったほうがいいでしょう。

●動画作成ソフト

　投影素材となる「動画」を作るソフトです。

　「VPT」で投影する場合、「mov」「mp4」などのファイル形式に書き出す必要があるため、それらの形式の出力に対応できるソフトを用意します。

　動画を作るためのソフトとしては、代表的なものに「Corel VideoStudio」「Adobe After Effects」などがありますが、本書では「Microsoft PowerPoint 2010」を使ってアニメーションを作っていきます。

　投影先の物体に合わせて映像の形を変える場合は、「VPT」で設定を行なうため、特に気にせず動画を作って問題ありません。

> ※「PowerPoint」は、動画書き出しに対応しているバージョンであることが必須。「2013」であれば、そのまま素材として使えるが、「2010」の場合はコンバータが必要になる。

　なお、最終的に「mov」「mp4」などに書き出せればいいので、「GIFアニメ作成ソフト」や「Adobe Flash」などで動画を作ってから、対応形式にコンバート（変換）をする方法もあります。

　他にも、スマホやビデオなどで撮影した動画を使う方法も考えられるので、いろいろな手段を検討してみるといいでしょう。

●画像作成ソフト

　素材となる画像（静止画）を作るソフトです。「VPT」で投影する場合、「マスク」の作成などにも使います。

　「VPT」の場合最終的に「PNG」や「JPEG」の形式で書き出せればいいので、本書ではWindows付属の「ペイント」を使っています。

ただし、「Adobe Photoshop」「GIMP」などの「レイヤー」対応のソフトを使ったほうが、作業としては容易でしょう。

他にも、以下のようなソフトが候補として挙げられます。

・Adobe Illustrator（有償、中級者以上向け）
・AzPainter（無償、サポート終了、初心者向け）
・PictBear（無償、サポート終了）

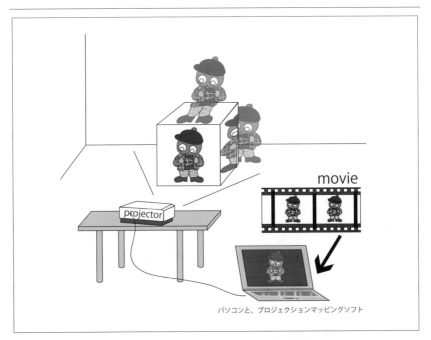

図1-11 「プロジェクション・マッピング」に必要なもの

■「プロジェクタ」の選び方

●「部屋のサイズ」から、投写画面サイズや投写距離を考える

「プロジェクタ」を選ぶと言っても、どのようなものを選べばいいのか、よく分からない人も多いと思います。

たとえば、単純に壁に投影する場合は、会議やプレゼンで使うようなものが手頃ですが、それでもいろいろなスペックのものがあり、手に入るプ

ロジェクタもマチマチでしょう。

そこで、ここでは標準的な「六畳間」から、サイズを考えてみます。

・投写画面サイズ
「投写画面サイズ」は、プロジェクタで映す画面のサイズです。

標準的な六畳間のサイズは、縦横の幅が「3.6m×2.7m」、高さは「2.4m」が一般的です。
つまり、単純に考えると、「2.7m×2.4m」か、「3.6m×2.4m」の範囲に投影することになります。
これに、家具やベッドなどの障害物があることを考えると、もう少し小さいサイズになるでしょう。
なお、和室で「鴨居」や「長押」があるような部屋は、高さの上限が1.8mになってしまうため、気をつけてください。

・投写距離
「投写距離」は、プロジェクタから壁やスクリーンまでの距離です。この範囲から外れると、ピントが合わなくなります。

「投写画面サイズ」と同じく、六畳間から考えると、短い辺にプロジェクタを置く場合 (**図1-12a**) は、長い辺がおよそ「3.6m」となるので、プロジェクタや台のサイズも考えると「3m」ほどでしょうか。
一方、長い辺にプロジェクタを置く場合 (**図1-12b**)では、同じく「2.7m～2m」程度になると思います。

[1-3] 必要なものを揃える

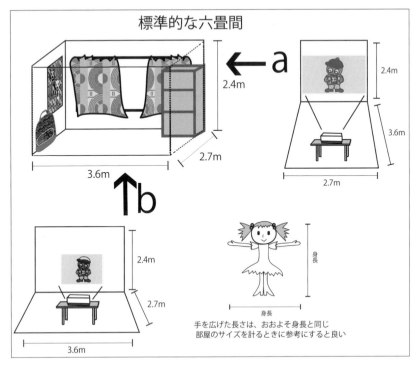

図1-12 六畳間から考える、投影のサイズと距離

●「型」で表わされた画面サイズを、「cm」「m」に換算する

　必要な画面サイズや距離が分かったところで、こんどは画面サイズとして表記されている「型」を、「cm」「m」に直していきます。

　テレビなどで使われる「40型」「50型」などの「型」は、画面の斜めの長さを「インチ」で表わしたものです。
　プロジェクタも、テレビやモニタと同じく、投影サイズを「型」で表わすため、換算方法を理解しておきましょう。

　　　　　　　　　＊

　1インチは、約2.54cm（0.25m）なので、「型」の数字に2.54cm（0.25m）をかければ、「cm」「m」に換算できます。
　たとえば、「40型」であれば、「40×2.54cm ≒ 101cm」、「50型」であれば、「50×2.54cm ≒ 127cm」が、画面の斜めの長さになります。

第1章 「プロジェクション・マッピング」の基礎

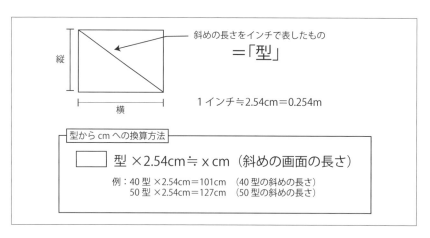

図1-13 「インチ」を「cm」に換算する

斜めの長さが分かれば、縦横のサイズも求められます。

プロジェクタで多く使われているのは、「10：16」のアスペクト比です。この場合、斜めの比はおおよそ「19」となります。

つまり、「10：16：19≒縦cm：横cm：101cm」となるので、比の計算から、

```
40型の縦  10×101 ／ 19≒53cm     横  16×101 ／ 19≒85cm
50型の縦  10×127 ／ 19≒67cm     横  16×127 ／ 19≒107cm
```

と求められます。

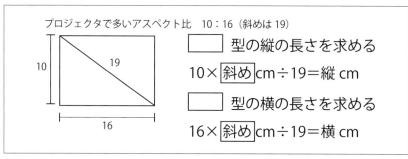

図1-14 アスペクト比「10：16」の場合の計算方法

もっと簡単にすると、以下の計算でおおよその長さを求められます。

[1-3] 必要なものを揃える

```
縦…型×1.3cm
横…型×2.1cm
```

```
           縦：横：斜め＝10：16：19

     ┌──┐型の縦                    ┌──┐型の横

10：19＝縦cm：斜め（□型×2.54）cm      16：19＝横cm：斜め（□型×2.54）cm
縦cm＝（□型×2.54）×10÷19             横cm＝（□型×2.54）×16÷19
     ＝□型×1.3                          ＝□型×2.1
```

図1-15　比の計算から、計算式を単純化

●希望のサイズを決めて、「シミュレータ」で確認

　「投影する画面サイズ」と「投写距離」が決まったら、こんどはメーカーのサイトでサイズと距離がマッチングするかどうかを確認しましょう。

*

　たとえば、「投写距離2m、高さ1.3m、横2m」程度の画面サイズで投影する（投写画面サイズ）とします。

　プロジェクタの仕様には、よく「投写画面サイズ40〜400型」「投写距離0.77〜12.33m」のように書かれていますが、これは単純に、「40型の画面サイズのときに12.33mまで離れて投写すればいい」という意味ではありません。

　プロジェクタである以上、ピントがあう距離の範囲は限られています。
　そのため、自分の「投写画面サイズ」と「投写距離」が、マッチングするかどうかを調べる必要があるわけです。

第1章 「プロジェクション・マッピング」の基礎

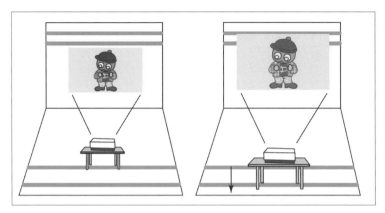

図1-16　プロジェクタの位置を遠ざけると、投射したものが拡大してしまう

　たとえば、RICOHでは「投写距離シミュレーター」というものが公開されており、これを使って調べることができます。

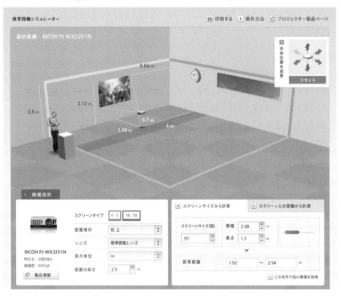

図1-17　RICOH投写距離シミュレーター
http://www.ricoh.co.jp/projector/simulator/

　「投写距離シミュレーター」のサイトにアクセスしたら、機種を選択し、

[1-3] 必要なものを揃える

スクリーンの横幅を設定します。高さやスクリーンサイズは連動するので、個別設定の必要はありません。

設定すると、「投写距離」が自動的に判定されます。

他社のプロジェクタの場合でも、シミュレーターが用意されていることが多いので、購入や設置の前に確認しておくと安全です。

■テスト投影を行なう

ではさっそく、「パソコン」と「プロジェクタ」をつないで、テスト投影をしてみましょう。

本書ではRICOHの「PJ WX3351」を使います。これはプレゼンや会議で利用するサイズのプロジェクタで、アスペクト比は「16:10」、明るさは「3600ルーメン」です。

図1-18　PJ WX3351 (RICOH)

＊

テスト投影の手順は、次のとおりです。

[1] パソコンとプロジェクタを接続します。

ケーブルは、パソコンとモニタを接続するケーブルと同じもので、主に以下のどれかであることが多いです。

第1章 「プロジェクション・マッピング」の基礎

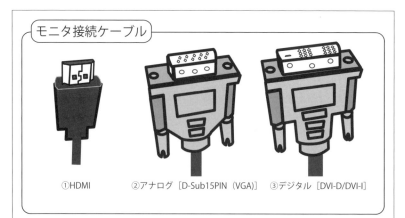

図1-19 パソコンとモニタを接続するケーブル

　なお、接続できるモニタやプロジェクタの台数は、パソコンによって違います。
　「デスクトップパソコン」の場合は、接続できる端子が複数あるのであれば、モニタとプロジェクタの2台体制がいいでしょう。

[2] プロジェクタの足部分が平行になっているかを確認して、問題なければ電源を入れます。
　プロジェクタによっては、「台形補正」などの設定を求められますが、基本的に補正は「VPT」（PMソフト）で行なうほうがいいので、設定しないでください。

[1-3] 必要なものを揃える

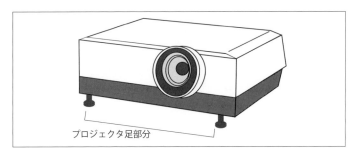

図1-20　プロジェクタが平行に設置されているか確認

[3] パソコンのデスクトップ画面で、何もないところを右クリックして、「画面の解像度」を選択し「識別」ボタンを押します。すると、現在のモニタの割り当て番号が分かります。

　続けて「ディスプレイ」からプロジェクタ（現在のモニタではないほうの番号）を選択し、「複数のディスプレイで表示画面を拡張する」を選んで「OK」ボタンを押します。

図1-21　右クリックメニューから、「画面の解像度」→「識別」ボタン

　これで、プロジェクタの設定は完了です。
　問題なく設定できていれば、モニタとプロジェクタをひと続きの画面のように表示できます。

第1章 「プロジェクション・マッピング」の基礎

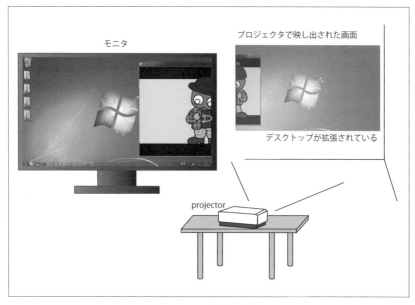

図1-22　設定後の状態

＊

「プロジェクション・マッピング」は、一見難しそうですが、道具さえあれば、手軽にできます。

何と組み合わせて、どのように遊ぶのか、いろいろと考えてみましょう。

第2章 「PMソフト」の導入

「VPT」(VideoProjectionTool)は、フリーの「プロジェクション・マッピング・ソフト」(PMソフト)です。
動画を作ることはできませんが、「エフェクト」を加えたり、いろいろなマッピングができます。
本章では、この「VPT」の使い方について解説していきます。

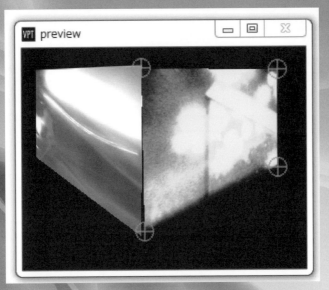

Preview Window

第2章 「PMソフト」の導入

2-1 「VPT」のインストール

さっそく、「VPT」をインストールしてみましょう。

作者のHC Gilje.氏のサイト（https://hcgilje.wordpress.com/vpt/）にある、「VPT」のページから、インストーラをダウンロードしてください。

詳しいインストール手順については、**附録**を参照してください。

■「VPT」を使った投影

このソフトは、最初から「プリセット」が用意されているので、インストールが終わったら、それを使って投影してみましょう。

＊

「VPT」を起動すると3つのウィンドウが表示されますが、その中にある「コントロール・ウィンドウ」から、「Fullscreen」ボタンを押します。

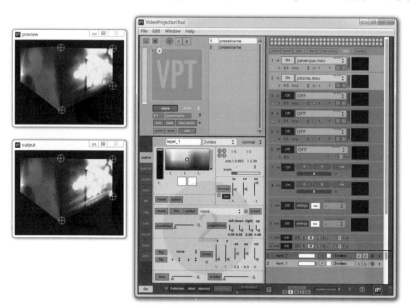

図2-1　起動後に表示される、3つのウィンドウ

[2-1] 「VPT」のインストール

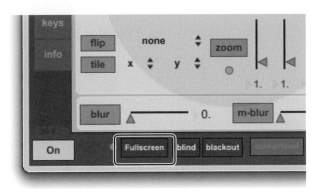

図2-2 「Fullscreen」ボタン

これで、プロジェクタから動画が投影されます。

＊

投影を終了するときは、キーボードの[Esc]キーを押してください。

また、ソフト自体を終了したい場合は、上部ツールバーの「File」から、「Exit」を選択しましょう。

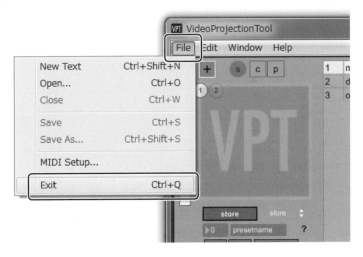

図2-3 「VPT」の終了

2-2 「VPT」の基本機能

「VPT」はフリーソフトであるにもかかわらず、機能がたいへん多いソフトです。

そこで、本章では基本機能のみを説明し、応用機能については、後の章で触れていきます。

すべてを読み込むのは大変なので、軽く目を通し、どのような機能があるのか確認してください。

「VPT」は、「プレビュー・ウィンドウ」「アウトプット・ウィンドウ」「コントロール・ウィンドウ」の3つで構成されています（**図2-1参照**）。

　　　　　　　＊

では、各ウィンドウの詳細を見ていきましょう。

■プレビュー・ウィンドウ

「プレビュー・ウィンドウ」は、その名のとおりプレビューが表示されるウィンドウです。

基本的な動画や画像の変形、拡大縮小などは、このウィンドウからマウス操作で行ないます（後述の「アクティブタブ」でも可能です）。

操作ハンドルやウィンドウを非表示にしたり、ウィンドウのサイズを変えたりできますが、その場合の操作は、「コントロール・ウィンドウ」内のコントロールバーから行ないます。

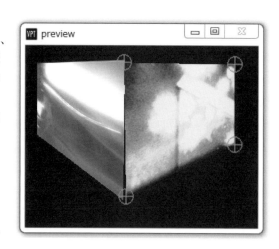

図2-4　プレビュー・ウィンドウ

■アウトプット・ウィンドウ

「アウトプット・ウィンドウ」は、アウトプットされる内容を表示するウィンドウです。

「プレビュー・ウィンドウ」と連動しているため、編集の操作は必要ありませんが、マッピングの際は、むしろこちらのウィンドウを使うほうが便利かもしれません。

自動的に「第2モニタ」や「プロジェクタ」に表示されますが、表示されない場合は、手動で移動する必要があります。また、モニタが1つしかない場合は、同一画面上(同じモニタ上)に表示されます。

なお、エクスプローラの拡大表示機能を使うと、枠が表示されてしまうため、実際にマッピングを行なうときは、「コントロール・ツールバー」の「Fullscreen」ボタンから操作してください。

「アウトプット・ウィンドウ」のみを非表示にしたり、ブラックアウト(画面を黒くする)にすることもできます。

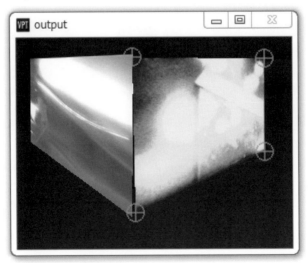

図2-5　アウトプット・ウィンドウ

■コントロール・ウィンドウ

「コントロール・ウィンドウ」は、ソフトをコントロールするためのツール類が収められています。

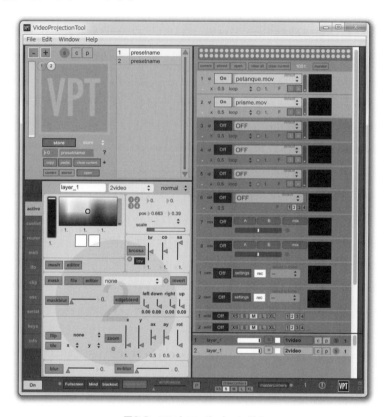

図2-6　コントロール・ウィンドウ

*

それぞれの領域の詳細については、以降で詳しく解説していきます。

[2-3] レイヤー・ペイン

「レイヤー・ペイン」では、主にレイヤーの作成、プリセット管理を行ないます（レイヤーはp.68、プリセットはp.70を参照）。

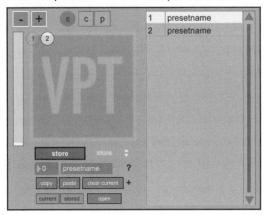

図2-7 レイヤー・ペイン

■レイヤー・コントロール

レイヤーの追加削除などの操作ができます。

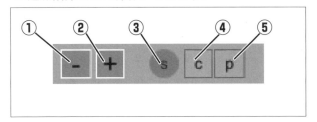

図2-8 レイヤー・コントロール

①-ボタン…レイヤーを削除。
②+ボタン…レイヤーを追加。
③sボタン…選択レイヤーだけを表示。
④cボタン…レイヤーの中身（ソースやプリセット）をコピー。
⑤pボタン…レイヤーの中身をペースト。

■レイヤー・リスト／重ね順

「レイヤー・リスト」では、「①②……」など丸囲みの数字で、レイヤーの一覧が表示されます。

数字をクリックすると、そのレイヤーを選択します。

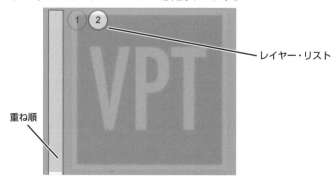

図2-9　「レイヤー・リスト」と「重ね順」

「重ね順」は、選択中のレイヤーの重なりの順序を操作できます。

バーの上部をクリックすると最前面に、バーの下部をクリックすると最後面になります。

■プリセット・リスト

プリセットの一覧を表示します。

プリセットの選択についても、ここで行ないます。

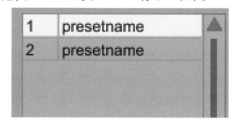

図2-10　プリセット・リスト

[2-3] レイヤー・ペイン

■**プリセット・コントロール**

プリセットに関する操作を行なうボタン群です。

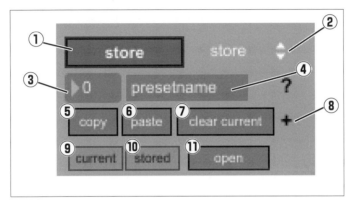

図2-11　プリセット・コントロール

①**保存ボタン**…プリセットを保存。
②**保存メニュー**…プリセットの保存方法を選択。変更すると「保存ボタン」の挙動が変わり、「store」では上書き保存、「store next」では末尾の番号に新規で保存、「insert」では選択しているプリセットの直下の番号に挿入する形で新規保存（それ以降の番号は1つずつズレる）となる。
③**プリセット番号**…選択しているプリセット番号を表示。番号を指定することで、プリセットを指定することも可能。
④**プリセットネーム**…選択しているプリセットの名前。名前の指定や変更もここで行なう。
⑤**コピー**…プリセットの内容をコピー。
⑥**ペースト**…コピーした内容を貼り付ける。
⑦**削除**…選択中のプリセットを削除。
⑧**すべて削除**…すべてのプリセットを削除。
⑨**プリセットの設定一覧**…選択中の設定の一覧。
⑩**保存されたプリセットの設定**…保存されているすべてのプリセットの設定一覧。
⑪**開く**…保存したプリセットを開く（JSON形式、またはXML形式）。

2-4 ソース・ペイン

「ソース・ペイン」は、ソース（利用する動画や画像）などの管理を、個別、またはセットで行なうための領域です。

図2-12　ソース・ペイン

■ソース

ソースは12ch（チャンネル）用意されています（詳しくは後述）。

「VPT」でどのような操作をしても、元の動画や画像が変更されることはありません。「VPT」を通して表示される画像が変形されるだけです。

[2-4] ソース・ペイン

●動画／画像チャンネル(8ch)

「Video1～8」と呼ばれる動画、画像用のチャンネルです。

動画と画像兼用の「qt (QuickTime) モジュール」、画像用の「stiil (スチール) モジュール」、2つの動画をミックスする「mixモジュール」があります。

それぞれのモジュールの番号（場所）は、あらかじめ決められていますが、設定ファイルを書き換えることで、変更も可能です。

> ※Mac版のみ、「hapモジュール」というものも用意されている。

≪qtモジュール(1～5ch)≫

動画や画像を、ソースとして呼び出せます。

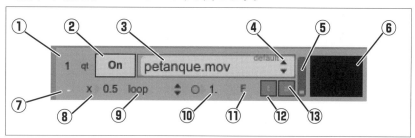

図2-13　qtモジュール

①モジュール番号…チャンネルごとに割り振られる番号。クリックすると、選択したソースが解除になる。ソースの指定は、この番号で行なう。
②オンオフ・ボタン…ソースの表示と非表示を設定。
③ソース名…選択中のソース名を表示。
④ソース選択ボタン…ソースの選択。
⑤ボリューム・スライダ…動画の音声を調整。
⑥モニタ…動画・画像のモニタ。モニタ部分をクリックでオンオフを切り替える。
⑦プレイリスト・ボタン…コントロールタブの「clipタブ」で設定したプレイリストについて、有効と無効を切り替える。
⑧クロスフェード設定…ソースをクロスフェードするときの時間設定。
⑨ループタイプ…動画の繰り返し設定。

第2章 「PMソフト」の導入

項　目	挙　動
loop（ループオン）	繰り返し再生
loop_off（ループオフ）	再生を繰り返さない
pal（palindrome：パリンドローム）	一度再生したのち、逆回転で再生
once（ワンス）	一度だけ再生

⑩リフレッシュレート…リフレッシュレートの設定。「1」で通常状態、「0」でオフになる。

⑪レゾリューション（**解像度**）…解像度の設定。「F」は、その動画の元々の解像度、「1/2」では、解像度は半分になる。

⑫トリガー・ボタン…トリガーを利用する。

⑬アルファ・チャンネル…「アルファ・チャンネル」をオンにする。

≪stillモジュール（6ch）≫

写真やイラストなどの「画像」を呼び出せます。

「動画」も呼び出しは可能ですが、ループ設定などができず、再生もされません。また、拡張子によっては読み込みできないこともあります。

なお、「qtモジュール」と共通の項目もあるため、その箇所については、「qtモジュール」を参照してください。

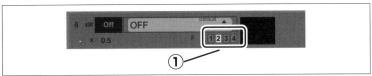

図2-14　stillモジュール

①リフレッシュレート…リフレッシュレートを設定。

番　号	挙　動
1	1秒間に30回更新
2	1秒間に10回更新
3	1秒間に2回更新
4	2秒間に1回更新

[2-4] ソース・ペイン

≪mixモジュール(7～8ch)≫

2つの動画や画像を併せて、ミックス（合成）するモジュールです。

合成したい動画や画像を、あらかじめ「qtモジュール」か、「stillモジュール」に読み込んでおく必要があります。

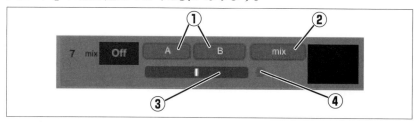

図2-15　mixモジュール

①A ／ B…それぞれに合成したい動画や画像を、「モジュール番号」で指定。
②mixタイプ…ミックスタイプを選択。

ミックスタイプ	名　称	挙　動
mix	通常（ミックス）	通常の重ね合わせ。
additive	覆い焼き（アディティブ）	色を明るくする。
multiple	乗算（マルチプル）	彩度を上げ、明度を下げる。
overlay	オーバーレイ	明るい色の場合は乗算し、暗い色の場合はスクリーンする。
screen	スクリーン	彩度を下げ、明度を上げる。
stamp	スタンプ	重ねた色に応じて、コントラストを上げる。
subtractive	減算（サブトラクティブ）	下のレイヤーとの減算混色。
average	平均（アベレージ）	両レイヤーの平均をとる。
brinightlight	輝度（ブライトライト）	下のレイヤーの輝度を上のレイヤーの色相、彩度と組み合わせる。
softlight	ソフトライト	コントラストを上げて鮮やかにする。
hardlight	ハードライト	コントラストを強く上げる。
lighten	比較_明（ライトゥン）	重なったレイヤーの明るいほうを表示。白いレイヤーとセットで使うことが多い。
burn	焼き込み（バーン）	色を暗くする。
darken	比較_暗（ダークン）	重なったレイヤーの暗いほうを表示。黒いレイヤーとセットで使うことが多い。

freeze	フリーズ	反転した色を重ねて再度反転。
heat	ヒート	フリーズと同じ処理を行ない、レイヤーの色を入れ替える。
lumablend	ルマブレンド	輝度情報に基づき、下のレイヤーを明るくする。

③mixレベル…AとBのブレンド割合を指定。
④50%ボタン…mixレベルの割合を50%にする。

●カメラ・チャンネル(2ch)

「cam1〜2」と呼ばれるチャンネルで、ビデオカメラを接続し、直接投影します。

チャンネルは2つあるので、二台まで接続が可能です。
カメラを接続していれば自動的に認識します、万が一認識していない場合は、「セッティングボタン」でカメラを探してください。

> ※カメラは、あらかじめ「VPT」起動前に接続しておく。起動後に接続した場合は、「VPT」の再起動が必要となる。

なお、カメラから入力されるライブ映像は、そのまま録画もできます。

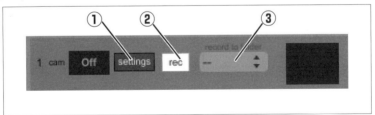

図2-16 カメラ・チャンネル

①settings…接続しているカメラを探す。
②rec…録画ボタン。録画した内容は「xlive101」「xlive102」などの名前が自動的に付く。
③録画先フォルダ…録画した内容を格納するフォルダを指定。指定先は「video1」などのチャンネルになり、そのチャンネルで設定されているフォルダが、格納先

フォルダとなる。
(たとえば、「video1」など、どこか空いているチャンネルを格納先フォルダに指定し、その後、そのチャンネルを録画先フォルダに指定する)。

●矩形チャンネル(2ch)

「solid1～2」と呼ばれる、白い長方形を表示するチャンネル。主にマスクや背景などに利用されます。

「矩形チャンネル」では、「サイズ」と「リフレッシュレート」を選択できます。

図2-17 矩形チャンネル

①サイズ…表示する矩形の解像度。

名　称	解像度
XS	4×4pixel
S	80×60pixel
M	320×240pixel
L	640×480pixel
XL	1024×768pixel

②リフレッシュレート…番号の意味は、「sillモジュール」の設定内容 (p.50) と同じ。

Column　動画と画像の対応形式（拡張子）

「VPT」で使える動画や画像の形式は、おおむね「QuickTime」に準じているようです。

動画であれば「mov形式」や「mp4形式」「m4v形式」など、画像であれば「PNG形式」や「JPEG形式」が対応しています。

「AVI形式」や「GIF形式」は対応していないので、注意してください。

第2章 「PMソフト」の導入

■ソースセット・コントロール

ソースとして呼び出したものを、セットで管理するボタン群です。
たとえば、毎回定番で使うソースがあるときなどに利用すると便利です。

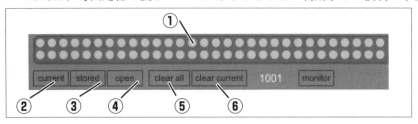

図2-18　ソースセット・コントロール

①○ボタン（ソースセットの保存）…Shift＋クリックで、現在読み込んでいるソースをすべてセットで保存する。
②ソースの設定一覧…現在のソース群の設定の一覧。
③保存されたソースの設定…保存されているすべてのソース群の設定一覧。
④開く…保存したソースの設定を開く（JSON形式、またはXML形式）。
⑤すべて削除…保存されているソースセットをすべて削除。
⑥削除…現在使っているソースセットを削除。

2-5　レイヤー設定ペイン

「レイヤー」と「ソース」を紐付ける領域です。「レイヤー名」の設定も、ここで行ないます。

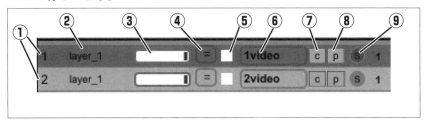

図2-19　レイヤー設定ペイン

①**レイヤー番号**…レイヤーの番号。レイヤーペインの番号と対応している。
②**レイヤー名**…任意の名前を付けられる。変更後は、クリックして上書きする。
③**透明度**…レイヤーの透明度を操作。

④ブレンドモード…重ね合わせの方法。「=」(通常)、「+」(覆い焼き)、「*」(乗算)のいずれかを選択する。
⑤レイヤーカラー…レイヤーに色をつける。
⑥ソース…そのレイヤーに表示したいソースを指定。ソースは、「1video」「2video」「1solid」のように、チャンネル名(モジュール名+モジュール番号)で、ドロップダウンから指定する。
⑦cボタン…レイヤーの中身(ソースやプリセット)をコピー。
⑧pボタン…レイヤーの中身をペースト。
⑨sボタン…選択レイヤーだけを表示。

2-6　コントロールタブ

　レイヤーの色付け、数値での移動指定、マスク、ルーター機能の設定などができる領域です。

　ここでは、色付けと移動を中心とした、基本機能について説明し、マスクについては、**第4章**で解説します。

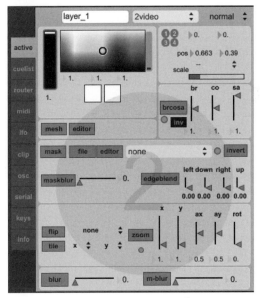

図2-20　コントロールタブ

■active (アクティブ) タブ

レイヤーへの色付け、移動、メッシュ、マスク、透明度、ズーム、輝度コントラストなど、動画の表示に関するコントロールをするタブです。

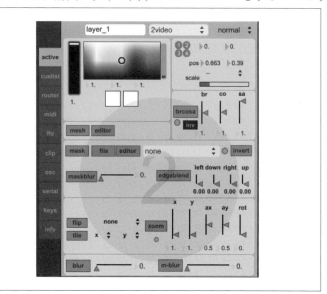

図2-21　activeタブ

●レイヤー選択

変更するレイヤーを選択したり、表示を変更する領域です。

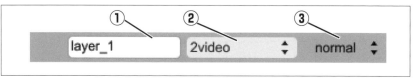

図2-22　レイヤー選択

---

①**レイヤー名**…変更する際は、新しい名前を上書きし、選択レイヤーを変更することで確定される。

②**ソース**…そのレイヤーに表示したいソースを指定。ソースは、「1video」「2video」「1solid」のように、チャンネル名（モジュール名＋モジュール番号）で、ドロップダウンから指定する。

③レイヤー表示タイプ…レイヤー表示を、「通常」「覆い焼き」「乗算」から選択。

名　称	機　能	挙　動
normal（ノーマル）	通常	そのままの表示。
additive(アディティブ)	覆い焼き	色を明るくする。
multiple（マルチプル）	乗算	彩度を上げ、明度を下げる。

●**色変更**

レイヤーの色や透明度を変更できる領域です。

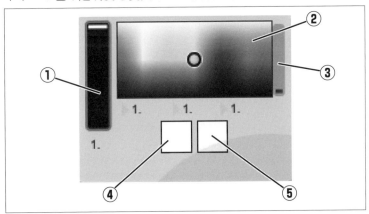

図2-23　色変更

①**透明度**…レイヤーの透明度を操作。
②**色選択**…クリックした場所の色を選択。
③**色バー**…スライダを上下に動かし、色彩を変更。
④**色のコピー**…色を反映。
⑤**色のペースト**…別のレイヤーに使っている色を反映。

●移動／変形

レイヤーの移動や変形を行なう領域です。

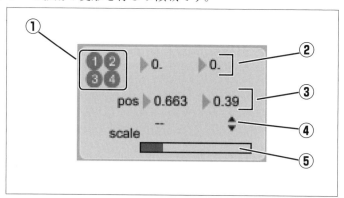

図2-24　移動／変形

①ハンドル…ハンドルの選択。①が左上、②が右上、③が左下、④が右下に対応している。
②ハンドルの移動…x軸方向もしくは、y軸方向にハンドルを移動させる。
③動画／画像のポジション…x軸方向もしくは、y軸方向に、動画や画像を移動。
④サイズとポジション…サイズとポジションを選択した項目に変更。

項目	挙動
--	通常どおり表示。
full	画面一杯に表示。
center 1/4	中央に全体の1/4のサイズで表示。
center 1/9	中央に全体の1/9のサイズで表示。
top	上半分に表示（横幅はそのまま、高さは半分）。
bottom	下半分に表示（横幅はそのまま、高さは半分）。
left	左半分に表示（高さはそのまま、横幅は半分）。
right	右半分に表示（高さはそのまま、横幅は半分）。
16：9	16:9の比率で表示（動画の一般的サイズ）。
1/3	左に高さそのまま、横幅1/3のサイズで表示。
2/3	中央に高さそのまま、横幅1/3のサイズで表示。
3/3	右に高さそのまま、横幅1/3のサイズで表示。
rot−90	反時計回りに90度回転させる。
rot+90	時計回りに90度回転させる。
rot180	180度回転させる。

⑤サイズの拡大縮小…動画や画像を拡大縮小する。

●メッシュ

マッピングに使う「メッシュ機能」についての設定領域です（詳しくは第4章を参照）。

図2-25　メッシュ

●brcosa

輝度、コントラスト、彩度を調整する領域です。

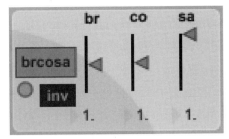

図2-26　brocosa

名　称	機　能	挙　動
br (brightness)	輝度	明るさの度合い
co (contrast)	コントラ	明暗の差
sa (saturation)	彩度	鮮やかさの度合い

●マスク機能

任意の形に動画を表示する「マスク」を設定する領域です（詳しくは第4章を参照）。

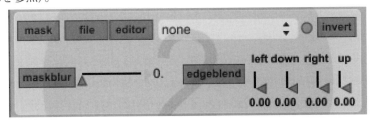

図2-27　マスク

●図の反転／ズーム

図の反転やズームなどを行なう領域です。

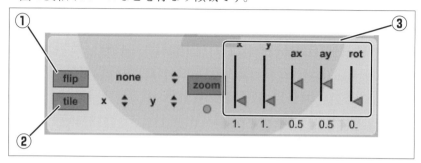

図2-28　図の反転／ズーム

①flip…フリップ機能。x軸方向、またはy軸方向に動画や画像を反転させる。

項　目	機　能	挙　動
none	なし	通常状態。
flip_hor (horizon)	水平	水平方向に反転。
flip_ver (vertical)	垂直	垂直方向に反転。
flip_hor + ver	水平+垂直	水平・垂直方向に反転。

②tile…タイル機能。x軸方向、もしくはy軸方向に、動画や画像を分割して表示。
③zoom…「x」～「rot」からさまざまな機能を調整する。

項　目	機　能	挙　動
x／y	ズーム機能	x軸方向もしくは、y軸方向に動画や画像を拡大。
ax／ay	パン機能	x軸方向もしくは、y軸方向に動画や画像を移動。
rot	回転機能	動画や画像を回転。

●ボカシ機能

動画や画像をボカします。右にスライダを動かすほど、ボカシは強くなります。

図2-29　ボカシ機能

■cuelist（キュー・リスト）タブ

登録したプリセットを指定した時間で切り替えて動きを作る、一種の「マクロ機能」を提供します。

図2-30　cuelistタブ

■router（ルータ）タブ

「acviteタブ」のパラメータ値（たとえば、色や位置、サイズなど）を動的に制御できるように構成します。

「midiタブ」の設定値と関連付けると、MIDI機器のコントローラで、色や位置、サイズが調整できるようになります。同様に、後述の「lfoタブ」の設定値と関連付けると、生成された波形の動きで、それらを変更できます。

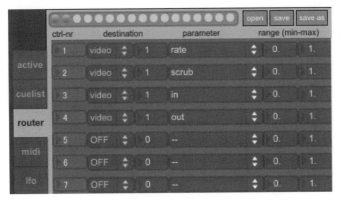

図2-31　routerタブ

■midi（ミディ）タブ

　MIDI機器の関連付けを設定します。MIDI機器を持っていなくても、このタブにある「1」から「16」のツマミで、routerの値を動かすこともできます。

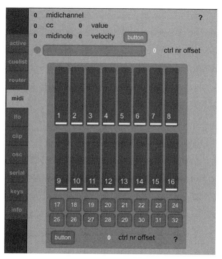

図2-32　midiタブ

■lfo（エルエフオー）タブ

　「波形ジェネレータ」です。「routerタブ」で設定したパラメータを動かすための波形を作ります。

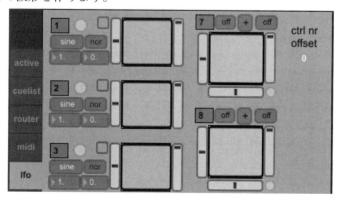

図2-33　lfo（エルエフオー）タブ

[2-6] コントロールタブ

■clip（クリップ）タブ

再生速度や、再生区間（クリッピング区間）、繰り返しなどを設定します。

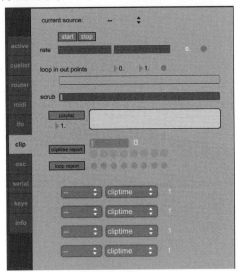

図2-34　clipタブ

■oscタブ

「Open Source Control」という仕組みを使って、他の機器とタイミング調整（動作などの同期）できるように構成します。

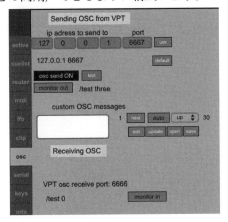

図2-35　oscタブ

■serial（シリアル）タブ

シリアルポートを使って、他の機器とタイミング調整できるように構成します。

たとえば、Arudinoで作った電子工作と同期したいときなどに設定します。

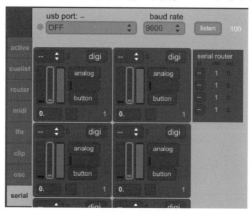

図2-36　serialタブ

■keys（キーズ）タブ

キーボードのショートカットや、キーとマウスを組み合わせた操作について記載されています。

詳細は以下のとおりです。

ショートカット	動　作
1～9の数字キー	対応するレイヤーを選択。
タブ（tab）	レイヤー1から順にレイヤーを選択していく。
矢印キー（←→↑↓） shift＋矢印キー	選択中のレイヤーのハンドルを上下左右に動かす。 shift＋矢印キーで速く動かす。
リターン（return）	次のキュー。
ctrl＋z	やり直し（アンドゥ）。EDITメニューからも操作できる。
delete	選択中のマスクポイントを消去。

キー＋マウス	動　作
shift＋ドラッグ	「プレビュー・ウィンドウ」、または「アウトプット・ウィンドウ」で行なうと、選択中のレイヤーを移動する。
alt＋ドラッグ	「プレビュー・ウィンドウ」、または「アウトプット・ウィンドウ」で行なうと、選択中のレイヤーを奥に向かって回転できる。

■info（インフォ）タブ

最新版ダウンロードなどの情報が記載されています。

2-7 コントロールバー

主に、「アウトプット・ウィンドウ」と「プレビュー・ウィンドウ」についての操作を行なう部分です。

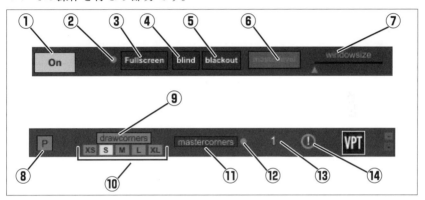

図2-37　コントロールバー

①VPTエンジン再生スイッチ…すべての動画再生のオンオフを行なう。
②アウトプット・ウィンドウ戻しボタン…第2モニタや、プロジェクタ側に移動させた「アウトプット・ウィンドウ」を、メインモニタに戻す機能。一時的にプロジェクタに移したくない場合などに使う。
③フルスクリーン・ボタン…フルスクリーンで表示する。このボタンを使わないと、エクスプローラの枠が映ってしまうため、上映時には必ず使う。
④ブラインド・ボタン…「アウトプット・ウィンドウ」のみ、表示を消す機能。このボタンを押すと、デスクトップ画面が表示される。「プレビュー・ウィンドウ」には影響しない。
⑤ブラックアウト・ボタン…「アウトプット・ウィンドウ」のみ、表示を真っ黒にする機能。このボタンを使えば、デスクトップが表示されなくなる。「プレビュー・ウィンドウ」には影響しない。
⑥マスターレベル・ボタン…出力の輝度を調整。
⑦ウィンドウサイズ・スライダ…「プレビュー・ウィンドウ」のサイズを変更する。「アウトプット・ウィンドウ」には影響しない。

第2章 「PMソフト」の導入

⑧プレビュー・ウィンドウ表示ボタン…「プレビュー・ウィンドウ」の表示を切り替える。
⑨ハンドル表示スイッチ…レイヤーを操作するハンドルの表示を切り替える。実際の投影イメージを見るときなどに利用する。
⑩ハンドルサイズ…レイヤー操作に使うハンドルのサイズを変更。
⑪マスターコーナー表示ボタン…ウィンドウの四隅の「マスターコーナー表示」を操作。
⑫マスターコーナー・リセットボタン…「マスターコーナー」をリセットする。
⑬カレント・プリセット…作業中のプリセットの番号を表示。「レイヤー・ウィンドウ」のオンになっているプリセットと対応する。
⑭リフレッシュ・リファレンス…ソースなどすべてをリフレッシュする。

*

「VPT」は非常に多機能なソフトで、使いこなせばいろいろなことができます。

この章では説明していませんが、「MIDI機器」との接続にも対応しています。

ただ、名前のないボタンや、一見機能があるように見えない箇所も多く、最初は戸惑うかもしれません。

本書で確認しながら、少しずつ慣れていくといいでしょう。

なお、起動には時間が掛かることがありますが、あせらずに待ってください。

第3章 動画を映して、調整する

「PMソフト」の導入が終わったら、さっそく素材を加工していきましょう。
本章では、「VPT」（VideoProjectionTool）の仕組みとその操作、動画や画像の加工方法などを解説します。

素材の加工

第3章　動画を映して、調整する

3-1 「VPT」の仕組み

■「レイヤー」と「ソース」の関係

「VPT」では、動画をウィンドウに表示するための、「レイヤー」と「ソース」という概念があります。

「レイヤー」とは、動画や画像を映し出す「範囲」や「場所」のことです。

また、「ソース」とは、映し出す「モノ」のことで、動画や画像などのファイルのことを指します。

ウィンドウに「レイヤー」（映し出す場所）を用意し、その「レイヤー」と「ソース」を結びつける形で、動画や画像を表示します（「レイヤー」は重ねたり、重ね順を変更したりもできます）。

図3-1　「レイヤー」と「ソース」の概念

変形した「レイヤー」の形は、「ソース」を変更してもそのまま維持されます。「マスク」「ボカシ」「ブレ」なども、すべて「レイヤー」に対する情報になるので、「ソース」を変えても変更されません。

また、ソースをマスクで隠したり、色を変更したとしても、ソース自体に影響はありません。

■2つのウィンドウの関係

前章でも解説しましたが、「VPT」には、「プレビュー・ウィンドウ」(preview) と、「アウトプット・ウィンドウ」(output) があります。

「プレビュー・ウィンドウ」は、パソコンで調整するときに使い、「アウトプット・ウィンドウ」は、第2モニタやプロジェクタで投影する場合に使います。そのため、「アウトプット・ウィンドウ」は、第2モニタ、またはプロジェクタ側に移動させてください。

ウィンドウに対する操作は、「コントロールバー」で行ないます（コントロールバーの詳細はp.65を参照）。

●「アウトプット・ウィンドウ」の最大化

「アウトプット・ウィンドウ」は小さなウィンドウですが、コントロールバーの「フルスクリーン・ボタン」(FullScreen) で最大化し、外枠なしの表示にできます。

> ※間違って、メインモニタ側で「アウトプット・ウィンドウ」を最大化してしまった場合は、キーボードの「Esc」キーを押すことで、解除できます。

●「ハンドル」の表示／非表示

デフォルト表示のままで投影すると、レイヤーの四隅に「ハンドル」が表示されてしまいます。観客に見せる場合などには、コントロールバーの「ハンドル表示スイッチ・ボタン」(drawcorners) から、非表示にしてください。

> ※赤いハンドル(master corner)が表示されている場合もありますが、こちらもコントロールバーの「マスターコーナー表示ボタン」(mastercorners)で非表示にできます。

第3章 動画を映して、調整する

●「アウトプット・ウィンドウ」の表示

実際の投影時に、観客にデスクトップ画面を見せないように、切り替えを行ないたいことがあると思います。

その場合は、「ブラックアウト・ボタン」(blackout) を使うと、画面が真っ暗になります。

●「プレビュー・ウィンドウ」と「ハンドル」のサイズ

「プレビュー・ウィンドウ」や「ハンドル」のサイズを変更すると、編集がしやすくなります。

これらも、コントロールバーから設定できます。

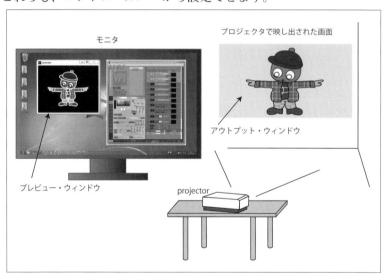

図3-2　2つのウィンドウの働き

■「保存」と、「プリセット」

「VPT」を使っていくには、「保存」(store) と「プリセット」(preset) の概念を理解することが重要になります。

●「保存」とは

「VPT」での「保存」という概念は、一般的なものとは異なります。

簡単に言えば、このソフトで保存されるのは「状態の情報」であって、

「ファイル」ではありません。

　たとえば、WordやExcelに画像を貼り付けた場合、これらのファイルには画像のファイルごと保存されます。
　しかし、「VPT」では、「このディレクトリから、画像ファイルを呼び出して表示する」という情報が保存されます。
　ですから、画像ファイルの場所を変更したり、内容を変更すると、VPTで呼び出せなくなったり、変更後の画像が表示されたりします（動画、マスクなどについても同じ）。

●「プリセット」とは

　「VPT」で加工したり、レイヤーの指定、呼び出す動画などの情報は、「プリセット」（preset）という名前で管理されます。
　保存される内容は、「動画／画像のサイズや位置」「マスク、ソース、アクティブタブの機能」などの情報ですが、ソースの読み込みが上手くいかないこともあります。
　その場合は、いったんオフにした上で別のソースに変更した後、再読み込みを行なうと、解決できることがあります。

　なお、「プリセット」は複製することもできます。

3-2 動画の調整

■「レイヤー」の追加と削除

まずは、ウィンドウの中に「レイヤー」を準備しましょう。

デフォルトで用意されている2つのレイヤーを削除し、新たなレイヤーを1つ作ります。

＊

レイヤーの削除は、「レイヤー・ペイン」から削除したいレイヤーを選択して、「－ボタン」を押します。これで、該当のレイヤーが削除されます（数字が減る）。

また、「プレビュー・ウィンドウ」や「アウトプット・ウィンドウ」から、レイヤーが消えていることが確認できます。

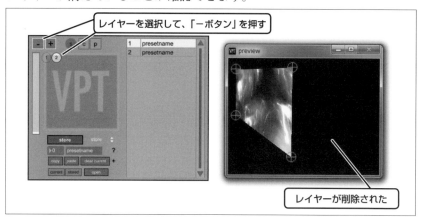

図3-3 レイヤーの削除

また、レイヤーの追加は、同じく「レイヤー・ペイン」から「＋ボタン」を押します。これで、新規のレイヤーが追加されます（数字が増える）。

レイヤーが増えたかどうかは、「プレビュー・ウィンドウ」や「アウトプット・ウィンドウ」に、黒いレイヤー（ハンドルが出現していることで確認できます。

[3-2] 動画の調整

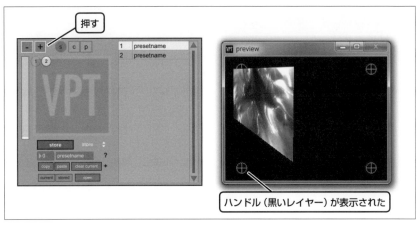

図3-4 新規レイヤーの追加

■動画の読み込み

では、動画を読み込んで表示させてみましょう。

あらかじめ用意された2つのレイヤーは削除して、新規レイヤーを1つ用意してください。

新規レイヤーは、まだソースと紐づけられていないため、まっ黒な状態です。

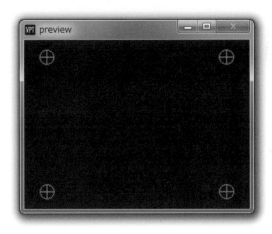

図3-5 新規レイヤーが1つだけの状態

第3章 動画を映して、調整する

●「ソース」(動画／画像)の指定

続けて、表示する「ソース」の指定を行ないます。次の手順のとおり、作業してください。

---

[1]「ソース・ペイン」の「オンオフ・ボタン」を、オフにしておく。
[2] ソース名をクリックし、ドロップダウンからソースを選択（ここでは、あらかじめ用意された「chess.jpg」を選ぶ）。
[3]「レイヤー設定ペイン」で、「レイヤー 1」に「video1」を紐づける（「layer1」のソース名をクリックして、「1video」を選ぶ）。
[4]「オンオフ・ボタン」をオンにする。

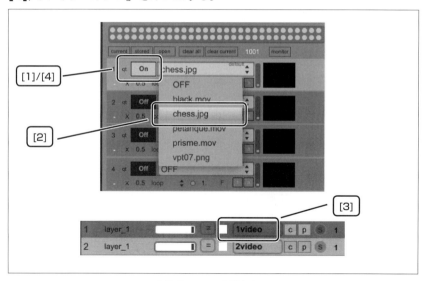

図3-6　ソースを指定する

これで、指定したソースが表示されるので、「プレビュー・ウィンドウ」と「アウトプット・ウィンドウ」から確認してください（モニタをクリックすると、内容を確認できる）。

[3-2] 動画の調整

図3-7　選択したソースが表示された

●ソースディレクトリに、ソースを追加

　ソースを呼び出すには、デフォルトで用意されているディレクトリにファイルを置くか、呼び出すディレクトリをファイルがある場所に変更する必要があります。

　用意されたものだけでなく、独自の動画や画像を使うことも可能です。

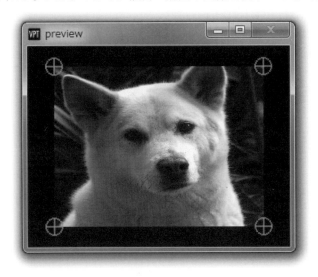

図3-8　オリジナルの動画や画像を、ソースとして使える

第3章 動画を映して、調整する

・デフォルトのディレクトリにソースを置く

デフォルトのディレクトリは、「VPT」→「defaultproject」→「video」です。

この「video」ディレクトリに、直接ソースとして使いたい動画や画像のファイルを置き、「VPT」を再起動します。

・呼び出すディレクトリの変更

呼び出すディレクトリを変更したい場合は、変更先のディレクトリを、「ソース・ペイン」のソース名にドラッグ＆ドロップします。

ファイルを直接ドロップすることはできません。ファイルの置いてあるディレクトリを指定してください。

なお、ディレクトリは、チャンネルごとに違うものを指定できます。

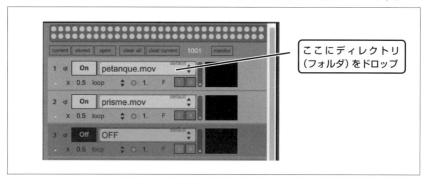

図3-9　変更先のソースをドロップ

●レイヤーとソースを結びつける

続けて、レイヤーとソースを結びつけます。

原則的には、1つのレイヤーに対して、1つのソースを紐づけますが、異なるレイヤーに同じ動画を紐づけることも可能です。

[1] 紐付けたいレイヤーの、チャンネル名をクリック。
[2] ドロップダウンで表示されるリストから、該当ソースのチャンネル名（1video、1solidなど）を選択。

[3-2] 動画の調整

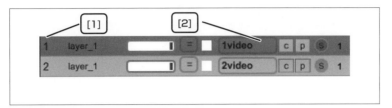

図3-10　レイヤーとソースの結びつけ

■レイヤーの変形と移動

レイヤーは、ハンドルを使ったり、アクティブタブで数値を指定することで変形が可能です。

●ハンドルを使った変形

ハンドルをドラッグする方法で、もっとも直感的に扱える操作です。

[1]「レイヤー・ペイン」で、変形させたいレイヤーを選択。
[2]「プレビュー・ウィンドウ」か「アウトプット・ウィンドウ」で、ハンドルをドラッグ。

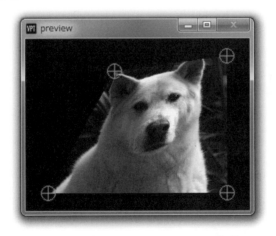

図3-11　ハンドルをドラッグして、レイヤーを変形させる

第3章 動画を映して、調整する

●アクティブタブを使った変形

コントロールタブのアクティブタブで数値を変更すると、より正確に変更できます。

---

[1] 変形したいハンドルを選択。
[2] 数字を直接入力する。上段左は選択したハンドルをX軸、右はY軸に移動（0〜1の値を取る）、下段は画像全体をX軸、Y軸方向に移動させる（−5〜5の値を取る）。

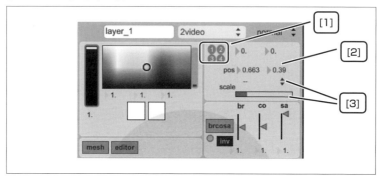

図3-12 各軸の数値を直接入力

[3] ドロップダウンから、「full」「Center1/4」などを選択して、サイズと画面の表示場所をあらかじめ決められたものにするか（選択項目については、p.58参照）、スケールを左右にドラッグして大きさを変更する。

 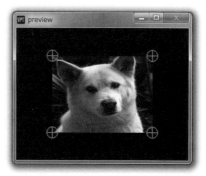

図3-13 「Full」(左)と「Cectere 1/4」(右)

[3-2] 動画の調整

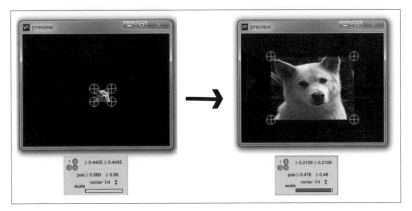

図3-14 スケールをドラッグして、大きさを変更

●ソースの縦横を変形、左右に移動、回転（zoom）

　アクティブタブにある「zoom機能」を使うと、ソースを横長や縦長に変形したり、回転させることができます（変形が上手くいかなかった場合でも、リセット・ボタンで元に戻せます）。

[1]「ズーム機能ボタン」（zoom）をオンにする。
[2]「変形スライダ」「移動スライダ」「回転スライダ」で数値を調整。

> ※「移動スライダ」は、よく見ないと分からないくらいの動きしかしないので、微調整くらいに考えておくとよい。

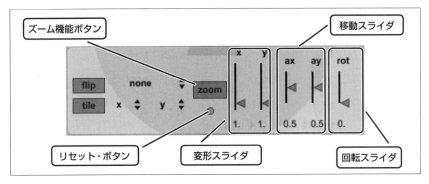

図3-15 zoom機能

第3章　動画を映して、調整する

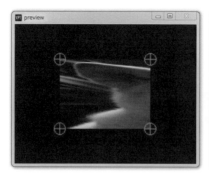

図3-16　変形スライダ：横長(x)の動き

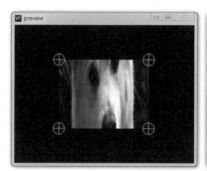
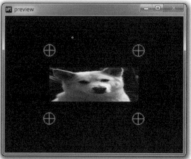

図3-17　変形スライダ：縦長(y)の動き

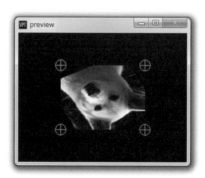

図3-18　回転の動き

■「プリセット」(preset)の保存と呼び出し

ここまでの設定を行なったものを、「プリセット」として保存すると、後からいつでも設定を呼び出すことができます。

●「プリセット」の保存

「プリセット」の保存は、「レイヤー・ペイン」で操作します。

---

[1] 保存したい「プリセット番号」を確認する。
[2]「プリセット名」を付ける。
[3] 保存メニュー(「store」と書かれたスピンボタンのあるほう)をクリックして、ドロップダウンから「store next」(新規保存)を選択(上書きしたい場合は、「store」)。
[4] 保存ボタンが「store next」になっているのを確認してクリック。

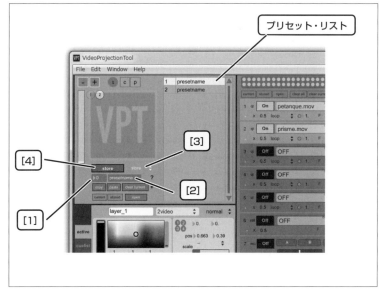

図3-19 「プリセット」を保存する

保存したプリセットは、「プリセット・リスト」に表示されるようになります。

第3章 動画を映して、調整する

●プリセットの切り替え、呼び出し

「プリセット・リスト」に保存したプリセットは、いつでも切り替えや呼び出しができます。

プリセットを呼び出したい場合は、リストのプリセット名をクリックすると、そのプリセットに切り替わります。

Let's Try! 自宅でゴーストハウス①

サンプル動画としてオバケの動画を用意しています。

いままで説明してきた内容の確認を兼ねて、自宅に「ゴーストハウス」を作ってみましょう。

プロジェクタはあらかじめ準備して、「アウトプット・ウィンドウ」が表示されるようにしておいてください。

[1]「VPT」を起動する前に、サンプル動画をソースディレクトリに追加。
[2]「VPT」を起動して、レイヤーを準備する。
[3] ソースをサンプル動画に変更。
　　ソースディレクトリに追加した後に、「VPT」を再起動しないと、ソースは読み込まれないので注意。ソースの変更は、現在読み込まれている動画をオフにしてから変更し、オンに戻す。
[4] 紐付け、ループ設定などを行なう（ループは「loop」（繰り返し）にしておく）。
[5] コントロールバーの「フルスクリーン・ボタン」（FullScreen）で、「アウトプット・ウィンドウ」を最大化する。
[6] サイズとポジションで「Full」や「Center 1/4」などを選択し、レイヤーを長方形にする。
[7]「レイヤー・ペイン」のハンドルを掴み、操作してみる（動画が歪むことを確認する）。
[8] アクティブタブのスケールを操作し、拡大縮小させる。
[9] アクティブタブの「ズーム・ボタン」をオンにし、「変形スライダ」や「回転スライダ」の数値を変更する。

[3-2] 動画の調整

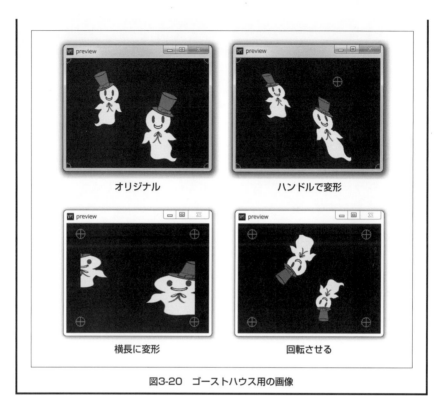

図3-20 ゴーストハウス用の画像

3-3 動画の加工

動画や画像には、「色フィルタ」を付けたり、「マスク」「反転」「ボカシ」などの設定ができます。

異なる動画や画像を複数用意しなくてもすむので、便利です。

■映像に色を付ける

まず、「フィルタ」で動画に色を付けてみましょう。

色は、アクティブタブの「カラーピッカー」から選択します。また、右側のバーを動かすと、彩度が調整できます。

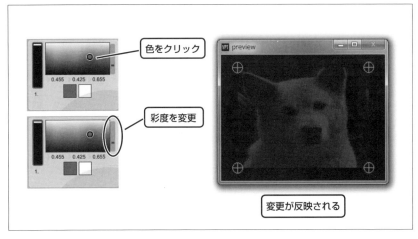

図3-21 「カラーピッカー」から色を選択

なお、あるレイヤーに付けた色は、他のレイヤーにコピーすることも可能です。

[1] コピー元のレイヤー（仮に「レイヤー1」とする）を、選択した状態で、色を選択。

[3-3] 動画の加工

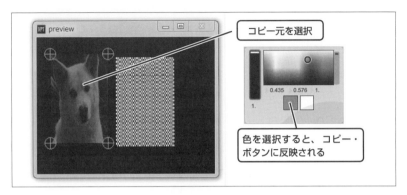

図3-22　色を選択

[2] カラーピッカー下の「コピー・ボタン」（左側の四角）をクリックして、「ペースト・ボタン」（右側の四角）に色を反映させる。

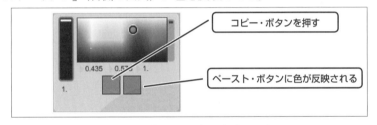

図3-23　「ペーストボタン」に色を反映

[3] ペースト先のレイヤー（仮に「レイヤー2」とする）を選択。

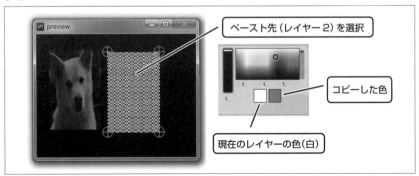

図3-24　ペースト先のレイヤーを選択

[4]「ペースト・ボタン」を押す。これで、コピー元の色が「レイヤー2」にペーストされる。

図3-25 「ペースト・ボタン」を押して、色を反映

■反転機能

「VPT」では、動画や画像を反転する機能があります。
音楽に合わせて動画を動かす場合などに、変化が付けられます。

[1] 反転したいレイヤーを選択し、「反転ボタン」(flip)をオンにする。
[2] 反転の種類を選ぶ。

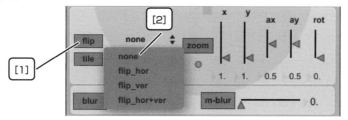

図3-26 反転機能

なお、反転の種類は、「左右反転」(hor = Horizontally)、「上下反転」(ver = Vertically)、「上下左右反転」(hor + ver)が用意されています。

[3-3] 動画の加工

図3-27　反転の種類

■ボカシ／ブレ機能

　全体をボカす「blur」と、動画をブレさせる「m-blur」(モーション・ブラー)が用意されています。

　他の機能と同じく、アクティブタブにある「オンオフ・ボタン」で切り替えて、スライダで数値を調整します。

図3-28　ボカシ機能

　ここでは例として、背景は動かず、キャラクターだけが動くアニメーションに、これらの機能を使ってみます。

図3-29 キャラクターだけが動くサンプル・アニメーション

「ボカシ機能」は「ボカシ・ボタン」(blur) を、「ブレ機能」は「ブレ・ボタン」(m-blur) をオンにします。

掛かり具合は、スライダで数値を変更することで調整が可能です。

図3-30 それぞれのボタンでオンオフ

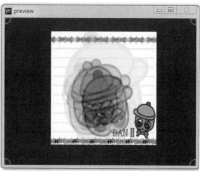

図3-31 「ボカシ機能」(左)では、背景とアニメーションが同時にボカされるが、「ブレ機能」(右)では、アニメーションのみがブレる

[3-3] 動画の加工

■「マスク」をかける

「マスク」は、動画や画像を特定の形にを切り抜いて表示する機能です。白黒で表示され、白い部分は表示、黒い部分は非表示になります。

「VPT」では、あらかじめ三角型や丸形の「マスク」が用意されているほか、それらの図形を変形したり、自作の「マスク」も利用できます。

> ※「マスク」を作る方法については、p.135を参照。

「マスク」はPNG形式の画像として保存されるため、画像ソフトなどで編集することも可能です。

*

マスクの作成や編集は、「アクティブタブ」にある「マスク」から行ないます。

「editor」ボタンを押すと、「マスク編集ウィンドウ」が開き、マスクの形状を編集できます。

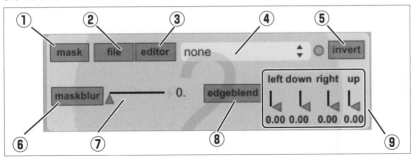

図3-32 アクティブタブの「マスク」

①**マスク・ボタン**…マスクのオンオフを切り替える。
②**ファイル・ボタン**…既に保存してあるマスクファイルを使う。
③**エディタ起動ボタン**…マスク編集ウィンドウを開く。
④**マスク名**…ドロップダウンでマスクを選択。隣の丸ボタンでリセットされる。
⑤**反転ボタン**…マスクをかける部分とかけない部分を反転。
⑥**縁の透明度**…縁の透明度のオンオフを切り替える。
⑦**透明度スライダ**…透明にする範囲をスライダーで指定。
⑧**エッジをボカす**…エッジ部分の「ボカシ」をオンオフする。
⑨**エッジブレンド・スライダ**…上下左右をそれぞれボカす。

●マスク編集ウィンドウ

「マスク編集ウィンドウ」では、マスク形状の選択や、加工したマスクの保存などができます。

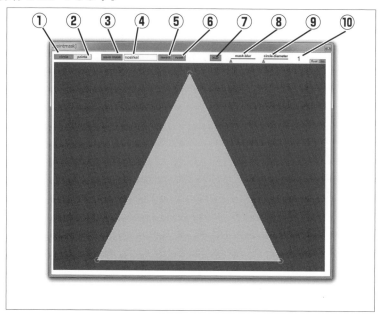

図3-33　マスク編集ウィンドウ

①円形マスク・ボタン…「円形マスク」に切り替える。
②多角形マスク・ボタン…「多角形マスク」に切り替える。デフォルトは「三角形」だが、最後に保存したマスクの形状が呼び出される。
③保存ボタン…マスクをPNG形式の画像で保存。保存したマスクはアクティブタブのマスク名から選べるようになる。
④マスク名入力フォーム…マスク名を指定。
⑤変更を取り消す…最後に保存したマスクの形状に戻す。
⑥デフォルトに戻す…最初の三角形の形状に戻す。
⑦縁の透明度…縁の透明度のオンオフを切り替える。
⑧透明度スライダ…透明にする範囲をスライダーで指定。
⑨円形サイズ変更スライダ…「円形マスク」の大きさを指定。
⑩レイヤー番号…選択中のレイヤー番号。

●三角形のマスクをかける

では、実際に「三角形のマスク」をかけてみましょう。

[1] アクティブタブの「editorボタン」を押す。

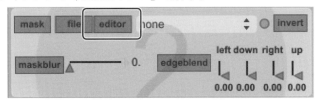

図3-34 「editorボタン」を押す

[2] 別ウィンドウで、「マスク編集ウィンドウ」が開く。

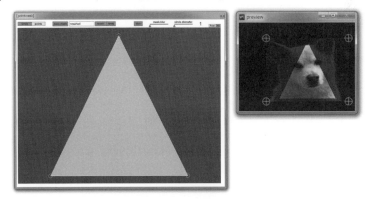

図3-35 「プレビュー・ウィンドウ」には、マスクを適用した場合のプレビューが表示される

[3] 任意の名前を付けて、「保存ボタン」(save mask)を押すと、そのまま「三角形のマスク」が適応される。

図3-36 「保存ボタン」を押す

●「多角形のマスク」をかける

続けて、形を変形させて、「多角形のマスク」を作ってみます。

---

[1] アクティブタブの「editor」ボタンを押す。
[2] 起動した「マスク編集ウィンドウ」の、三角形の任意の場所をドラッグ。

作られたポイントは、[Delete]キーか、[BackSpace]キーで削除できる。

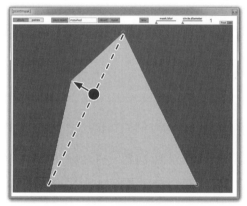

図3-37　三角形の適当な部分をドラッグ

[3] 好きな形に変形する。

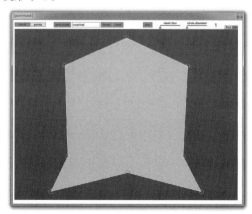

図3-38　好きな形を作る

[3-3] 動画の加工

[4] 適当な名前を付けて「保存ボタン」(save mask) を押すと、マスクが反映される。

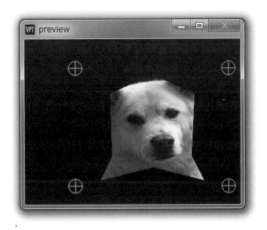

図3-39　変形した図形がマスクになった

●丸型のマスクをかける

丸形のマスクを利用する場合は、「円形マスク・ボタン」を利用します。

[1] アクティブタブの「editorボタン」を押す。
[2] 「円形マスク・ボタン」(circle) で、円形に切り替える。三角形や多角形にするときは、隣の「多角形マスク・ボタン」(points) を押す。

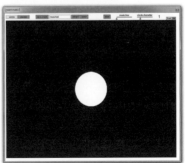

図3-40　「円形マスク・ボタン」を押して、マスクを円形に切り替え

[3]「円形サイズ変更スライダ」(circle.diameter) を動かして、円のサイズを変更する。

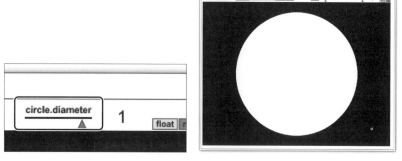

図3-41　円のサイズを調整

[4] 適当な名前を付けて「保存ボタン」を押すと、マスクが反映される。

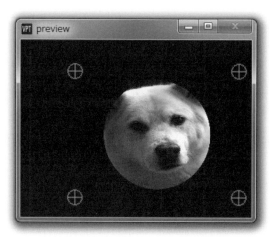

図3-42　円形のマスクが適用された

●保存したマスクを呼び出す

　一度保存したマスクは、「マスク名」のドロップダウンから選択し、「マスク・ボタン」(mask) を押すと、いつでも呼び出しが可能です。

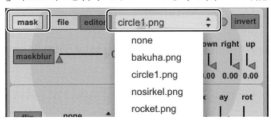

図3-43　保存したマスクは、いつでも呼び出せる

●マスクを反転させる

　「マスク名」のドロップダウンからマスクを選択したあと、「反転ボタン」(invert) を押すと、マスクの効果範囲を反転できます。

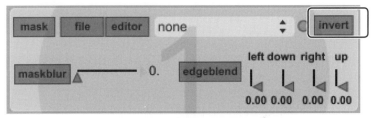

図3-44　「反転ボタン」を押す

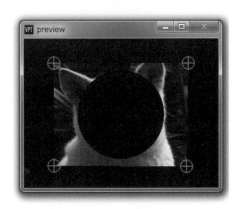

図3-45　マスクの範囲が反転する

■マスクの縁を透明にする

マスクの縁を透明にすると、背景となじんで自然な感じに仕上がります。

●「マスク編集ウィンドウ」で縁が滑らかなマスクを作る

これから作るマスクの縁を透明にするには、「マスク編集ウィンドウ」から操作を行ないます。

[1] アクティブタブの「editorボタン」を押して、「マスク編集ウィンドウ」を起動。
[2] 任意のマスクを作る。
[3]「縁の透明度」をオンにする。
[4]「透明度スライダ」で、透明にする範囲を調整。

図3-46 「縁の透明度」がオフの場合(左)と、オンの場合(右)

●作成ずみのマスクの縁を、滑らかにする

あらかじめ作っておいたマスクに対して縁を透明にする場合は、次の手順で行ないます。

[1] アクティブタブで、任意のマスクを適応する。
[2] アクティブタブの「縁の透明度ボタン」(maskblur)を押す。
[3]「透明度スライダ」で、透明にする範囲を調整。

[3-3] 動画の加工

●上下左右の透明度を調整

マスクの上下左右の縁ごとに透明度を調整できます。

左（left）、下（down）、右（right）、上（up）のそれぞれに、スライダが用意されています。

[1]「エッジをぼかす」（edgeblend）をオンにする。

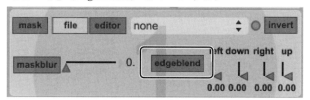

図3-47　「エッジをぼかす」を押す

[2] ボカしたい辺のスライダを動かす。

図3-48　「left」(左)と、「down」(右)の値を上げると、それぞれの方向に向かってのみ、透明度が上がる

■マスクを適応して、他のレイヤーと組み合わせる

最後に、マスクした画像のレイヤーと、他のレイヤーを組み合わせて表示してみましょう。

[1] 上のレイヤー（ここではレイヤー1、犬の画像）に、適当なマスクをかける。

[2] 下のレイヤー（ここではレイヤー2、「prisme.mov」）を作り、重ね順を下にする（重ね順は、「レイヤー・ペイン」の「重ね順」で操作）。

第3章 動画を映して、調整する

図3-49 2つのレイヤーを組み合わせた例

＊

　本章で解説したような効果を使えば、動画がより良く表現できます。
　また、ここでは説明していませんが、「ゴーストハウス」のような事例では、「brcosa」（元写真、コントラスト、彩度）をいじっても面白いでしょう。

　なお、機能が上手く適応されないことがあるかもしれません。
　そのような場合は、ソースをいったん別のものに変更してから読み直したり、レイヤーを作り直してみてください。

[3-3] 動画の加工

自宅でゴーストハウス②

本章の前半で使った「おばけ動画」を、さらに加工してみましょう。
また、家の形のマスクを作り、壁に「ゴーストハウス」を作ってみましょう。

---

[1]「プロジェクタ」「レイヤー」「ソース」の準備をする。
[2] アクティブタブの「カラーピッカー」で色を付ける。
[3] アクティブタブの「ブレ機能」でゴーストをブレさせる。
[4] 動画を反転させる。
[5] 家の形のマスクを作り、適応させる。

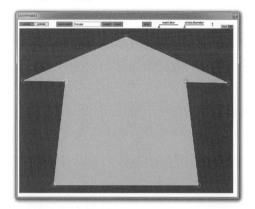

図3-50 家の形をしたマスク。形を作るのに失敗したら、「リセット・ボタン」(reset)を押せば、はじめから作業することも可能

 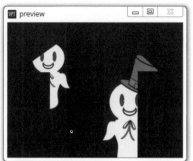

図3-51 「ボカシ機能」(左)や、「家のマスク」を適用(右)させた例

第4章 「マッピング」してみよう

「VPT」の操作に慣れてきたところで、「マッピング」してみましょう。
いきなり複雑な形は難しいので、まずは「立体」や「丸底の空き缶」などのシンプルなものからはじめます。

お城への「プロジェクション・マッピング」

第4章 「マッピング」してみよう

4-1 立体に投影してみる

■本章で使う素材

本章で投影する素材についてですが、動画ではなく、画像で練習したほうがループ設定などの手間がないので、いくつかコントラストのはっきりしたテスト画像を用意してください。

テスト画像は何枚あってもかまいませんが、そのうち1つは、「まっすぐの横線が引かれている画像」にしてください。なければ、ペイントで簡単に作ってしまいましょう。

＊

では、実際に「プロジェクション・マッピング」を体験してみましょう。

まずは、「立体」を準備してください。「ダンボール」や、「ティッシュボックス」などでいいでしょう（できるだけ「正立方体」であるほうが、倒れにくくて、扱いが楽です）。

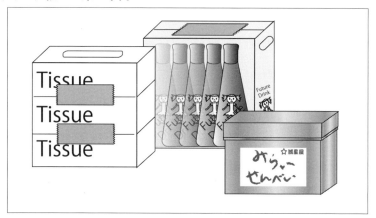

図4-1　段ボールやティッシュの箱を重ねるなど、投影しやすいものを用意

また、立体のサイズは、プロジェクタ投影サイズの「半分～2/3」くらいだと、練習しやすいです。
（投影サイズが「40型」であれば、横が90cm、縦が50cmほど。その場合の立体は、横40cm～60cm、高さ30cmくらいだと扱いやすいです）。

[4-1] 立体に投影してみる

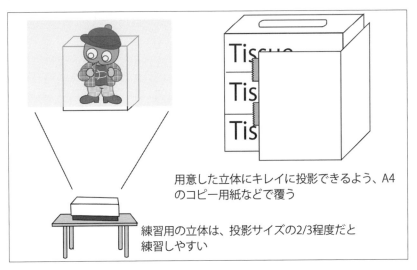

用意した立体にキレイに投影できるよう、A4のコピー用紙などで覆う

練習用の立体は、投影サイズの2/3程度だと練習しやすい

図4-2　投影しやすいお勧めの立体

■立体の正面に投影

　最初は、立体の正面に投影してみましょう。
　立体をプロジェクタ投影画面の中央にくるように配置し、「アウトプット・ウィンドウ」の「レイヤー・ハンドル」を操作して、立体に合うようにします。

---

[1] 立体をセッティング。
[2] プロジェクタを「第2モニタ」としてセッティングし、「デスクトップを拡張する」を選ぶ（**第1章**を参照）。
[3] 「アウトプット・ウィンドウ」がプロジェクタ側に表示されているのを確認。表示されていなければ、移動する。
[4] 「コントロール・バー」の「Fullscreen」ボタンを押し、「アウトプット・ウィンドウ」をフルスクリーンで表示。
[5] ハンドルを動かし、映像が立体の正面に収まるように変形させる。

第4章 「マッピング」してみよう

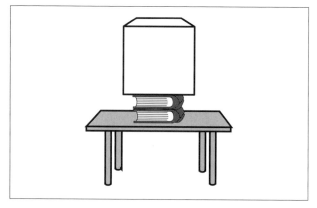

図4-3　本などで、立体の高さを投影しやすい位置にする

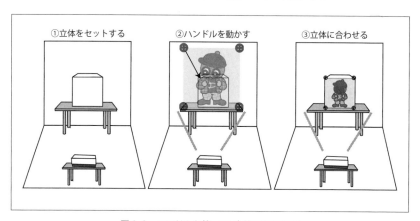

図4-4　ハンドルを使って、立体の形に調整

■立体を傾けて投影

　正面からの投影がうまくいったら、こんどは傾けたものに投影してみましょう。

　基本的な手順については、正面からの投影と同じです。
「回転スライダ」などを使って、うまく位置を合わせてください。

[4-1] 立体に投影してみる

図4-5　これも本などを使って、斜めに傾ける

■立方体の二面に投影

一面に慣れたところで、二面に投影してみましょう。

二面に投影するためには、レイヤーを2つ使います。
それぞれのレイヤーを、それぞれの面に投影し、調整をしてください。

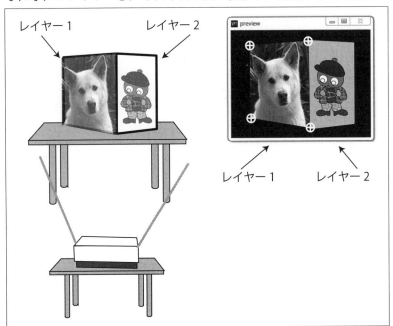

図4-6　面の数だけレイヤーを用意して、それぞれに投影する

4-2 動画を分割して投影する

「VPT」では、1つの動画を2つの面に分割して投影することも可能です。

実際には、1つのソースを、2つのレイヤーに分けて投影します。
手順は、次のとおりです。

[1] 二面に投影した状態で、「レイヤー1」「レイヤー2」を同じソースにする。
[2]「レイヤー1」を選択して「tile」ボタンをオンにし、「x」を「1/2」に設定。
[3] ソースの右半分のみが表示されたのを確認。
[4]「レイヤー2」を選択して「tile」ボタンをオンにし、「x」を「2/2」に設定。
[5] ソースの左半分のみが表示されたのを確認。

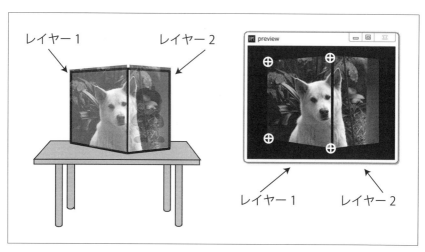

図4-7　二面で1枚の画像を表示

4-3 「メッシュ」を使って、丸底の空き缶に投影する

立体への投影はハンドルを動かすだけでできますが、曲面の場合は「メッシュ」というものを使った調整が必要になります。

「メッシュ」では、細かいギザギザの形などはできませんが、全体に丸みを帯びさせることや、簡単な曲線の修正ができます。

図4-8 「メッシュ」を使うと、滑らかな歪みを作ることができる

■「メッシュ」を使う

「メッシュ」を使うには、アクティブタブの「メッシュ」から、「メッシュ編集ウィンドウ」(editor) を起動します。

アクティブタブの「メッシュ」の詳細は、次のようになっています。

第4章 「マッピング」してみよう

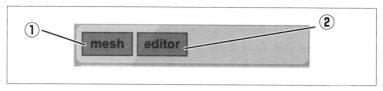

図4-9　アクティブタブの「メッシュ」

①メッシュ・ボタン…メッシュのオンオフを切り替える。
②メッシュ編集ウィンドウ…メッシュの編集ウィンドウを開く。

＊

「メッシュ編集ウィンドウ」の詳細は、次のとおりです。
　ここで設定した「メッシュ」は、レイヤーに適用されるため、ソースを変更しても解除されることはありません。

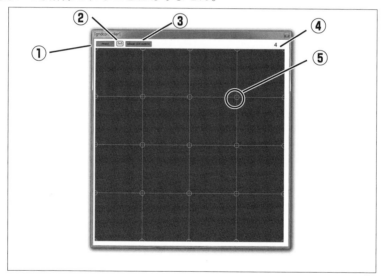

図4-10　メッシュ編集ウィンドウ

①リセット・ボタン…編集したメッシュをリセットする。
②メッシュ・コントロールポイント…「2×2」～「10×10」の間で、メッシュのコントロール点の細かさを決める。

[4-3] 「メッシュ」を使って、丸底の空き缶に投影する

③**コントロール点表示ボタン**…「プレビュー・ウィンドウ」にコントロール点を表示する。
④**レイヤー**…現在編集中のレイヤー番号を表示する。
⑤**コントロール点**…この点をドラッグしてメッシュを動かす。

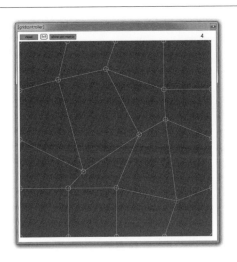

図4-11　設定を変更してみた一例

■缶に投影

　では、メッシュの機能を使って「缶」や「筒」などの曲面に投影してみます。
　大きな缶や筒などが用意できない場合は、紙を丸めたり、まくらに紙を巻き付けるなどでもかまいません。
　また、投影する画像は、ここで行なう編集を簡単にするために、必ず「横線がはっきりしているもの」を用意してください。

第4章 「マッピング」してみよう

図4-12 曲面のあるものと、それに投影する画像

[1] 横線がはっきりした画像をソースに選択。
[2] 筒状のものからハミ出さないように、ハンドルで画像サイズや形状を調節。
[3]「メッシュ編集ウィンドウ」を起動。
[4]「コントロール点」を操作し、横線が真っすぐになるように調整。

[4-3] 「メッシュ」を使って、丸底の空き缶に投影する

図4-13　「コントロール点」を編集して、歪みを直す

Column 「メッシュ」と「マスク」の違い

「メッシュ」も「マスク」も、動画や画像の形状を変形できるものです。
　ただし、「メッシュ」は像を歪めるのに対して、「マスク」は歪めません。
　また、「マスク」は隠されて見えなくなる部分がありますが、「メッシュ」は歪むだけで見えなくはなりません。

　「VPT」の「メッシュ」では、複雑な形状を作り出すことは難しいので、ギザギザなどの形にしたい場合は「マスク」を併用すると、より多くのものに投影することができるようになります。

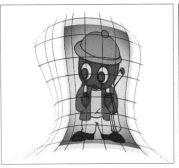

図4-14　「メッシュ」と「マスク」の違い

第4章 「マッピング」してみよう

「プラモデルのお城」に投影してみる

これまでのテクニックを使って、「車」や「ペーパークラフト」「プラモデルのお城」などに、動画や画像を投影してみましょう。

● 「車」に投影

最初は立方体の時と同じように、真横からの投影がいいでしょう。
慣れてきたら、レイヤーを3つ使った投影に挑戦してみてください。

図4-15 面ごとにレイヤーを用意して投影し、マスクなども使ってみる

● 「ペーパークラフトやプラモデルのお城」に投影

本物の「お城」は難しいですが、「プラモデル」や「ペーパークラフト」で挑戦してみましょう。

「プラモデル」の場合、「1/350モデル」ではやや小さいかもしれません。
また、「松本城」のような黒いお城は不向きです。白く塗ってしまうか、「姫路城」のような白いお城を用意したほうがいいでしょう。

「お城」の形状は複雑で、イラストのようなものの投影にはテクニックが必要です。
まずは建物を真っ赤や真っ青に塗りつぶしたり、**第3章**で紹介した方法でマスクを作って動画を投影する、といったことから始めるといいでしょう。

[4-3] 「メッシュ」を使って、丸底の空き缶に投影する

図4-16 「お城」への「プロジェクション・マッピング」の例

＊

　ただ投影するだけでなく、本章のように「マッピング」を行なうと、「プロジェクション・マッピング」らしさがでて楽しくなってきます。
　また、普通に投影したのでは見づらいような、曲面も見やすくなります。

　腕を磨いて、上記の「お城」をはじめとした、複雑な形状なものに挑戦してみてください。

第5章 素材の作り方

本章では、「動画」や「画像」などの「VPT」で投影する素材を、自分で作ってみましょう。
素材が自分で作れると、表現の幅も大きく広がります。
自分で描いたイラストや、そのイラストが動くアニメを作って、投影してみましょう。

ゴーストハウス

第5章　素材の作り方

5-1　自分で素材を作る

　素材作りはいろいろな方法がありますが、いちばん手軽なのはWindows付属の「ペイント」と、「MS Office PowerPoint」を使うことです。
　もちろん、他の画像作成ソフト、動画作成ソフトや、すでにあるイラスト、写真も利用できます。
　また、**第3章**で説明した「マスク」ですが、こちらもオリジナルのものを「ペイント」で作ることができます。

■素材を作る流れ

　素材を作る流れとしては、以下のような形です。

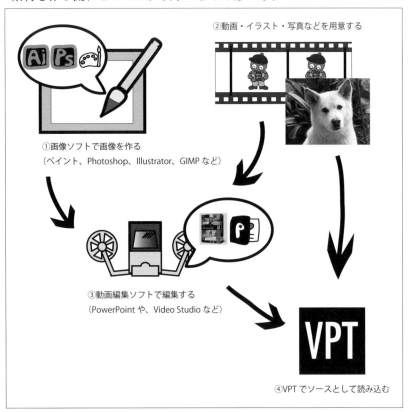

図5-1　素材を「プロジェクション・マッピング」に利用するまでの流れ

つまりは、「VPT」で呼び出せる形式（画像であればPNGかJPEG、動画であればmp4など）にできれば、使えるようになるということです。

＊

実際に素材を作る作業の手順は、次のようになります。

---

[1] 画像を「ペイント」「Photoshop」「Illustrator」「GIMP」などで作る。

[2] 「VPT」でソースとして利用するには「PNG形式」、または「JPEG形式」で保存する。「GIF形式」の画像は、「PNG形式」で保存し直す。

[3] 「PowerPoint」や「動画ソフト」でアニメにする。
「VPT」でソースとして利用するためには、「mov形式」「mp4形式」「m4v形式」など、「QuickTime」に対応している形式で保存する。
対応する形式で保存できない場合は、コンバートするソフトなどで形式を変換する。

[4] 「VPT」のソースディレクトリにファイルを入れて、「VPT」を再起動して呼び出す。

5-2　画像素材を作るためのポイント

以下に挙げるポイントは、どの画像ソフトでも共通するものです。

また、「画像素材」と一口に言っても、実は2種類あります。
「VPTでソースとして呼び出す画像」（ソース画像）と、「他の動画の材料としての画像」（動画材料）です。
同じように見えますが、余白の処理の仕方が異なるので、気をつけてください。

・形式は「PNG形式」、もしくは「JPEG形式」で保存

イラストであれば「PNG」、写真であれば「JPEG」が望ましいです。

・「余白の処理」を行なう

「ソース画像」の場合は、「黒」で塗りつぶします。
「動画材料」の場合は「透明化」しておくか、輪郭や使っている色とは異な

る色で塗りつぶしましょう。

*

なお、余白の処理をするのは、きれいに投影するためです。

「ソース画像」を「VPT」で投影する際、余白を黒く塗りつぶしておけば、背景がないように見えます。

また、「動画材料」として使うために余白を透明化する際、「ペイント」など透明化に対応していないソフトを使っている場合は、後から動画ソフト上で透明化します。

輪郭で使われている色と、大きく異なる色を指定しておきましょう。
　特に、「PowerPoint」で動画を作る場合は、透明化のときに巻き込まれてしまうので、背景の色は画像に使っていない色を選択してください（p.122参照）。

図5-2　余白がある画像（左）と、余白がない画像（右）

5-3 「ペイント」で画像素材を作る

　画像素材は「ペイント」や「Photoshop」「Illustrator」「GIMP」などの画像ソフトで作ることができます。
　この他、「PNG形式」や「JPEG形式」で保存できるソフトであれば、どのようなソフトでもかまいません。

*

　ここでは、Windowsに付属している「ペイント」で、画像素材を作る例を、簡単に説明します。
　画面の詳細は、次のようになっています。

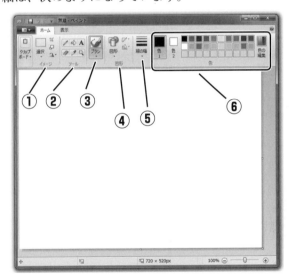

図5-3　「ペイント」の作業画面

①イメージ…範囲選択、トリミング、サイズ変更と傾斜、回転、反転などを行なう。
②ツール…えんぴつ、塗りつぶし、文字、消しゴム、色の選択、拡大などを行なう。
③ブラシ…ブラシの種類を選択。
④図形…図形を選択。
⑤線の幅…線の幅を選択。
⑥色…色の選択と編集を行なう。

第5章 素材の作り方

素材を作る流れは、以下のようになります。

[1] スタートの「アクセサリ」から、「ペイント」を起動。
[2]「キャンバス・サイズ」を、右下の□をドラッグして調整。
　「描画ボタン」→「プロパティ」でも、変更は可能（**p.136**参照）。

図5-4　キャンバスのサイズは、画面下の「●●×●●px」から確認できる

[3] ブラシ、塗りつぶし、文字、図形などを使いイラストを作る。
[4] 余白の処理を行なう。
　塗りつぶしは、「ツール」のバケツボタンから行ない、左クリックで、「色1」、「右クリック」で「色2」が適応される。

[5-3] 「ペイント」で画像素材を作る

図5-5 余白の処理を行なう(5-2節参照)

[5] 保存時に、「ファイルの種類」から、「PNG」か「JPEG」を選択。

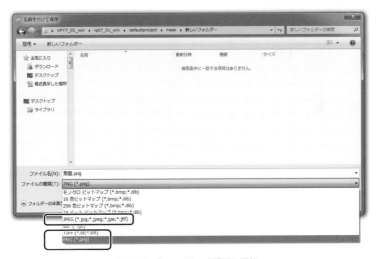

図5-6 「ファイルの種類」を選択

> **Column** キャラクターに使ってない色で、背景を塗りつぶす理由

画像ソフトで、背景の透明化ができる場合は、画像ソフト側で処理したほうがスマートです。

ただし、「ペイント」などでは、透明化に対応していないソフトもあります。
その場合は、背景を特定の色で塗りつぶしておいて、「PowerPoint」で透明化します。

「PowerPoint」での透明化は、特定の色を指定するものです。つまり、キャラクターにその色が使われていた場合、その場所まで透明になってしまいます。
たとえば、背景もまぶたも「白」の場合、そのどちらも透明になってしまうということです。

図5-7　背景とまぶたの色が同じ場合(白)の失敗例。透明化でその色を指定すると、どちらも色が抜かれてしまう

これを避けるには、キャラクターに使っていない色で背景を塗りつぶすようにしてください。

[5-3] 「ペイント」で画像素材を作る

図5-8 透明化する場所の色が、他の部分に使われていないようにする

Let's Try! 「ゴースト素材」を作ろう①

「ペイント」で、実際に素材イラストを作ってみましょう。

作る素材は、「VPT」で静止画として使うものと、動画の材料として使うものです。

コツとしては、「VPT」で静止画として使う場合は、背景を「黒」、輪郭は「明るい色」にし、「PowerPoint」の材料のときは、キャラクターや輪郭と色を被らせないことです。

● 「VPT」で静止画として扱う（ゴースト素材①）

縁の線は「黄色」で、体と帽子の色は、好きなものでかまいません。
また、背景は「黒」とします。

図5-9 ゴースト素材①

●「PowerPoint」で動画にする素材（ゴースト素材②）

背景は「黄緑」とし、縁の線は「黒」とします。
また、体と帽子の色は、背景の色（黄緑）以外のものを選んでください

図5-10　ゴースト素材②

●「PowerPoint」で動画にする素材（ゴースト素材③）

上記の①の素材を反転させたものです。
範囲指定でオバケの部分を大まかに選択し、反転させてください。この際、白い部分ができたら、適宜塗りつぶしてください。

図5-11　ゴースト素材③

5-4 「PowerPoint」で動画素材を作る

　動画素材は、「動画作成ソフト」があれば作れます。
　「動画作成ソフト」というと特別なものが必要なように感じられますが、「PowerPoint 2013」が「mp4形式」の書き出しに対応したため、手軽に作れるようになりました。

　「PowerPoint 2010」は、mp4形式の書き出しには対応していませんが、「wmv」(Windows Medea形式)という別の動画形式に書き出せるため、そこから「mp4」に変換することで、「VPT」で利用できるようになります。
　他のソフトでも、同じように、最終的に「mp4」に変換できれば、「VPT」で利用できます。
　ここでは、「PowerPoint 2010」を使った、動画素材の作り方を説明していきます。

＊

　動画素材を作る手順は、次のとおりです。

[1]「PowerPoint 2010」を起動。

[2]画面上で右クリックし、「背景の書式設定」を選ぶ。

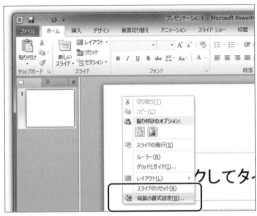

図5-12　右クリック→「背景の書式設定」を選択

[3] 背景の書式設定ダイアログが表示されるので、「塗りつぶしの色」から「黒」を選択。塗りつぶしは「単色」を選択のままでよい。

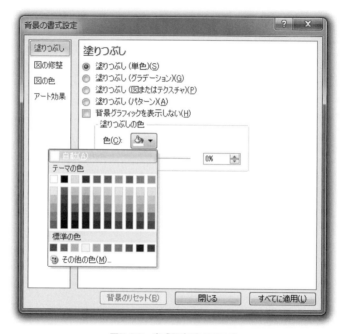

図5-13　書式設定ダイアログ

[4] 動画素材に使いたい画像を、「PowerPoint」上にドラッグ＆ドロップ。

[5] 画像の背景を透明化する（すでに透明な場合は、そのまま）。
　手順としては、①該当画像をクリックして「図ツールタブ」を表示し、②「書式」→③「色」→④「透明色を指定」をクリック。
　そして、⑤「透明色ポインタ」で、透明にしたい色で塗られた場所（ここでは背景）をクリックする。

[5-4] 「PowerPoint」で動画素材を作る

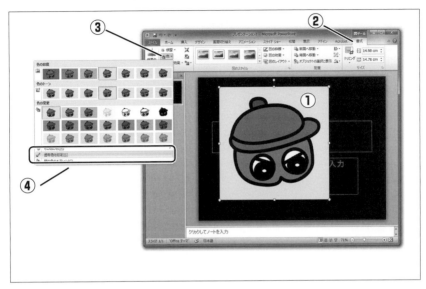

図5-14 背景を透明化する

[6] 動かしたい画像を選択した状態で、アニメーションタブに移動し、「アニメーション・ウィンドウ」を表示する。

[7] 「効果一覧」から、使いたい効果を選択。
　「開始」は、画像を非表示から表示に変える効果で、「強調」は、点滅や回転などの強調効果を与える。
　また、「終了」は、画像を表示から非表示に変える効果で、「アニメーションの軌跡」は画像の移動に関する効果となる。
　上記以外の効果については、いちばん下にある「その他の効果」から選択する。

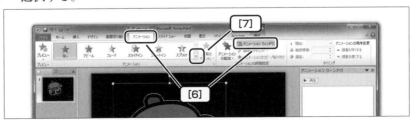

図5-15 「効果一覧」をクリックする

127

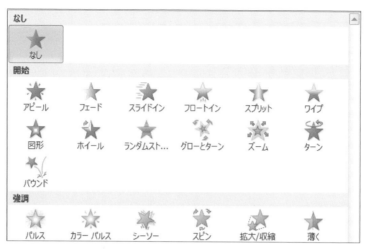

図5-16　画像に与える効果を選択

[8] 設定した効果の調整を行なう。

主な設定項目には、「開始」「継続時間」「遅延」「ループ設定」がある。

「開始」では、アニメーションの開始タイミングを、「クリック時」「直前の動作と同時」「直前の動作の後」から選択する。
複数の画像をどのように動かすか考え、調整するものだが、基本的には、すべてを「直前の動作と同時」に設定しておいて調整していくとよい。

「継続時間」では、その効果をどのくらいの時間をかけて行なうかを指定する。「5秒～0.5秒」程度が目安となるが、「PowerPoint」では、「3秒」を"普通の速度"と設定している。
なお、「アニメーション・ウィンドウ」を右クリックして、「タイミング」タブからでも指定が可能。

[5-4] 「PowerPoint」で動画素材を作る

「遅延」は、少し遅れたタイミングで始めたい場合などに使うもので、秒数で指定する。

図5-17 「開始」「継続時間」「遅延」の設定

「ループ設定」は、アニメーションウィンドウを右クリックし、タイミングタブから設定する。

図5-18 「ループ」の設定

[9] 画像を増やし、先ほどと同じ要領でアニメーションを追加。

追加されたアニメーションは、「アニメーション・ウィンドウ」に表示される。

(不要なアニメーションがある場合は、右クリックから「削除」を選択)。
登録が終わったら、「再生ボタン」を押すと、すべてのアニメが再生される。

図5-19 右上の項目から、アニメーションの順番を変更することも可能

[10] 後で編集できるように、「PowerPoint」のファイル（pptx形式）で保存（「ファイルの種類」で、「PowerPoint（pptx）」を選択）。

[11] 動画として書き出すために、動画形式のファイル「Windows Media形式（wmv）」で保存。
「PowerPoint 2013」の場合は、直接「MPEG形式（mp4）」で書き出す（2013の場合はこれで完了）。

[12] 書き出した動画ファイル（wmv）を、「VLC media player」などのコンバートソフトで「MPEG形式（mp4）」のような「VPT」が対応する形式に変換。

[5-4] 「PowerPoint」で動画素材を作る

ゴースト素材を作ろう②

p.123で作ったゴースト素材を、「PowerPoint」で呼び出し、動画にしてみましょう。
使う素材は、「ゴースト素材②」と、「ゴースト素材③」です。

[1]「PowerPoint」にドラッグ&ドロップで、「ゴースト素材」を入れる。
[2] 該当の画像をクリックし、「書式タブ」から「色」を選択して、「透明色を指定」で背景をクリック。

図5-20 書式タブ→色→透明色を指定

[3]「アニメーションタブ」に切り替えて、「開始アニメ」から「フェード」を選択し、「継続時間」を「5秒」に設定。

図5-21 「フェード」を選択してから、「継続時間」を設定

[4]「再生ボタン」を押して、アニメーションを確認。

第5章 素材の作り方

> 　確認が終わったら、いったん「PowerPoint形式」(pptx)で保存してから、改めて動画形式(wmvかmp4)で保存し直します。
> 　(「wmv」で保存した場合は、この後、コンバートソフトで「mp4」に変換してください)。

■「PowerPoint」での作成のコツ

　「PowerPoint」は、本来はプレゼンテーション用ソフトなので、「アニメを作る」と言われても、ピンとこないかもしれません。

　そこで、「PowerPoint」でアニメを作るコツを、いくつかの作例とともに紹介します。

●キャラクターが自由に飛び回る、走り回る(アニメーションの軌跡を使う)

　最も簡単にアニメらしい効果が得られるのは、これでしょう。

　大きな動作がない状態で飛び回る、走り回るもの(飛行機、車、トンボなど)の画像を用意し、アニメ効果をつけます。

　大きな動作をしながら動くもの(猫、ヘリコプター、チョウチョなど)でも、工夫によっては面白そうです。

[1] 適応したい画像をクリック。
[2] アニメーションタブの「アニメーションの軌跡」から、「ユーザー設定」を選択(アニメーションの軌跡が表示されてない場合は、スクロールする)。

図5-22　「ユーザー設定」を選択

[5-4] 「PowerPoint」で動画素材を作る

[3] 画像を動かしたい形に、ドラッグで線を書く。

図5-23　動きの軌跡を書いていく

●複数の画像を配置し、アニメの速度や動きを変える

　複数の画像を用意し、それぞれにアニメーションをつけます。
　このとき、「動き」や「速度」をきちんと設定するだけで、リズムができます。

　たとえば、「飛行機」と「人」とでは移動の速度は違うはずです。飛行機は速く（0.5秒）、人は遅く（5秒）設定すれば、同じ速度にしたときよりも、それらしい世界観になります。
　また、サンプルで用意したゴーストハウスの動画のように、いろいろなものが入り交じるような場合は、動きそのものの大きさや、動き方も変えると、躍動感のある動画になるでしょう。

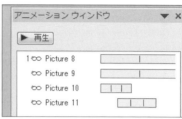

図5-24　動きの大きさや形を変えたり(左)、アニメーションのタイミングや長さを変えると(右)、躍動感が出るようになる

●簡単な図形を用意して、賑やかしに使う

　用意したイラストだけでは、少し寂しく感じてしまうこともあります。
　そのような場合は、簡単に描ける図形などを上手く入れるといいでしょう。

　そのときに、「強調アニメーション」を上手く使ったり、時間差で「開始」や「終了」のアニメを入れると、メインの動きを邪魔せずに、賑やかな雰囲気が出せます。

図5-25　簡単な図形などを上手く活用する

●複数の画像に同じ効果を設定する

複数の画像に同じ効果を設定したり、いちばん最初に共通する項目だけを設定してしまいたい場合は、「複数選択」を利用します。

「複数選択」は、範囲をドラッグするか、[Shift]キーを押しながらクリックで選択します。

図5-26 「範囲選択」を使って、複数の素材を一度に設定

5-5 「オリジナルのマスク」を作る

第3章で説明した「マスク」ですが、オリジナルのものを作って、利用することも可能です。

「オリジナルのマスク」を作れば、投影するときに、物体にピッタリの形に動画や画像を切り抜けます。

「マスク」は、「白黒の画像」から作ることができます。

この白黒の画像が作れて、「PNG形式」で保存できれば、どのソフトでもかまいません。

つまり、「マスク」の作成も「ペイント」でできます。

＊

デフォルトで用意されている「マスク」は、「幅1024px×高さ768px」の白黒の画像で、PNG形式です。

第5章 素材の作り方

　サイズは、これよりも大きいサイズ、小さいサイズでも、読み込んで使えますが、プロジェクタの解像度に合わせたほうが無難でしょう。
　小さいサイズの画像は作りやすい代わりに、輪郭がボケてしまいます。

　また、白黒ではなく「灰色」にすると、その部分は濃度に比例した「半透明のマスク」になります。一部だけ濃度を変えたい場合に、使うといいでしょう。
　赤、黄、青などの他の色は、白黒に変換したときの濃度と、同じ働きをするようです。

　なお、ファイル名は「日本語」（2バイト文字）でも使えます。
＊
　では、「ペイント」での「マスク」の作り方を見ていきましょう。

---

[1] ペイントを起動して「描画ボタン」を押し、「プロパティ」を開く。

図5-27　「プロパティ」を選択

[5-5] 「オリジナルのマスク」を作る

[2]「キャンバスサイズ」を、「幅1024px×高さ768px」に設定してOKを押す。

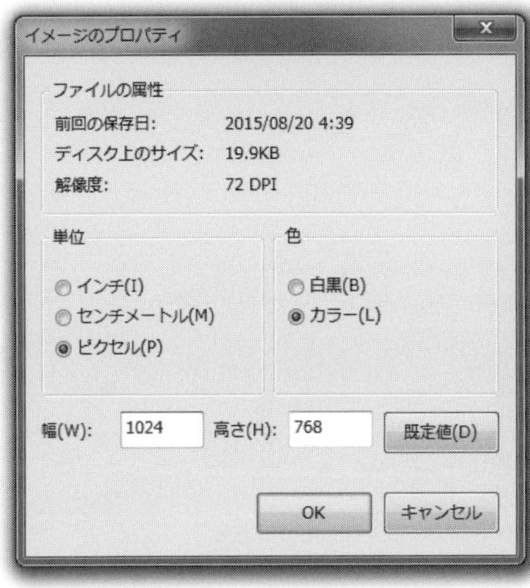

図5-28　単位は「ピクセル」にチェックを入れておく

[3]「ホームボタン」を押して、描画キャンバスに戻り、マスクで隠したいところを「黒」、見せたいところを「白」で塗りつぶす（半透明にしたいところは灰色）。塗りつぶしは、「バケツのマーク」で行なう。
　「ペイント」には、「丸形」や「星形」など、いろいろな形が用意されているので、上手く使うとよい。

図5-29　白黒で塗りつぶす

第5章　素材の作り方

[4]「VPT」を解凍したフォルダの「defaultproject」ディレクトリ内、「mask」ディレクトリに、作ったファイルを置く。
　デスクトップに解凍した場合は、「C:¥Users¥（ユーザー名）¥Desktop¥VPT7_01_win¥vpt7_01_win¥defaultproject¥mask」となる。

[5]「VPT」を一回終了させてから再起動し、作ったマスクを適用させる。

図5-30　マスクの完成

■現在あるマスクを利用して、新しいマスクを作る

　現在あるマスクや、「VPT」で作ったマスクを利用して、新しいマスクを作ってみましょう。

[1]「VPT」の「mask」ディレクトリから、マスクのファイルをドラッグ＆ドロップしてペイントに読み込ませる（上手く行かない場合は、「描画ボタン」の「開く」から読み込む）。
[2] 図形を加工する。
[3] 別名で保存し、「VPT」を再起動してマスクを適用させる。

[5-5] 「オリジナルのマスク」を作る

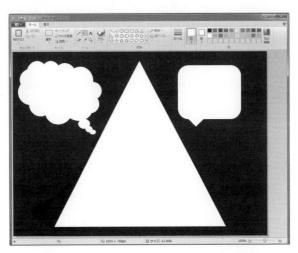

図5-31　既存のマスクを加工する形で、新しく作る

■「写真」や「イラスト」からマスクを作る

「写真」や「イラスト」から、マスクを作ることも可能です。

「Photoshop」「Illustrator」「GIMP」など、レイヤーが使えるソフトであれば簡単に作れますが、単純な図形の場合は、「ペイント」で塗りつぶして作ることも可能です。

ただし、塗りつぶしの作業は大変なので、範囲指定を上手く使ったり、サイズを小さくするなど、工夫して作るといいでしょう。

いずれにせよ手間がかかるので、レイヤー対応のソフトを使用可能であれば、そちらを推奨します。

「GIMP」「AzPainter」「FireAlpaca」といったフリーソフトもあるので、利用してみましょう。

＊

例として、「ペイント」で写真からマスクを作ってみます。

第5章 素材の作り方

[1]「ペイント」で写真を読み込む。
　このとき、解像度が大きいサイズになると（3648px×2736pxなど）、一部だけしか表示されないので注意。

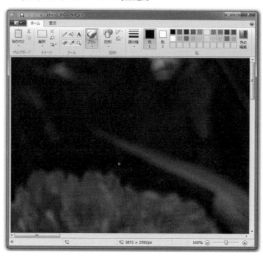

図5-32　写真を読み込む

[2]「サイズ変更ボタン」を押して、画像サイズを小さくする。

図5-33　「サイズ変更ボタン」を押す

[5-5] 「オリジナルのマスク」を作る

[3]「サイズ変更と傾斜」ウィンドウがでるので、単位を「パーセント」「ピクセル」から選択し、「水平方向」(縦)か「垂直方向」(横)のどちらかに数値を入力。

このとき、「縦横比を維持する」にチェックが入っているのを確認すること。入っていないと、一方だけが変更されてしまうので注意。

マスクもプロジェクタの解像度に合わせた数値が望ましいが、作業が大変なので、小さめでも良い(ここでは、1000pxとした)。

図5-34 「パーセント」の場合は、大体1000pxになるような比率の値を(左)、「ピクセル」の場合は、「1000」とピクセル数を直接入力する(右)

[4] 画像の全体が表示されたのを確認し、「選択」から「自由選択」を選ぶ。

図5-35　選択→自由選択

[5] 白くしたい場所の輪郭をマウスでなぞり、範囲を指定。

図5-36　犬の輪郭をマウスでなぞる

[5-5] 「オリジナルのマスク」を作る

[6] [Delete]キーを押し、範囲指定した範囲を削除。

図5-37　なぞった範囲を削除

[7] 削除した範囲を白で塗りつぶす（「バケツのマーク」で行なう）。
[8] 黒くしたい場所も同じ操作をし、黒で塗りつぶす。
[9] 細かい箇所は、ブラシで直接描いて修正する。このとき、線の太さを最大にしておくと、ある程度は楽に作業できる。

図5-38　マスクの完成

第5章　素材の作り方

*

　素材やマスクが出来上がると、一気にオリジナルの「プロジェクション・マッピング」に近づいてきたように感じると思います。

　ここまでの作業は、最初のうちは要領が掴みにくいかもしれません。雑でも良いので数を作って、慣れていくのがいいでしょう。

　また、本書ではできるだけ新しいソフト用意しなくてもいいように、「ペイント」や「PowerPoint」といったものを利用しましたが、作業によっては操作しづらかったり、機能に制限のある場合もあります。

　ある程度慣れてきたら、自分に合ったソフトも探してみると、創作の幅も広がるでしょう。

「VPT」の さまざまな機能

「VPT」には若干不安定ながら、さまざまな機能があります。それらの機能を使ってみましょう。

cuelist

第6章 「VPT」のさまざまな機能

6-1 キュー (cue)

■キュー・リスト

「キュー」を使って、複数のプリセットを切り替えてみましょう。

「キュー」の操作は、コントロールタブの「cuelist」（キュー・リスト）から行ないます。

「キュー・リスト」では、複数のプリセットを呼び出したり、切り替えたりといった動作をプログラムできます。

ただし、不安定なところもあり、環境によっては上手くいかない可能性もあるため、注意してください。

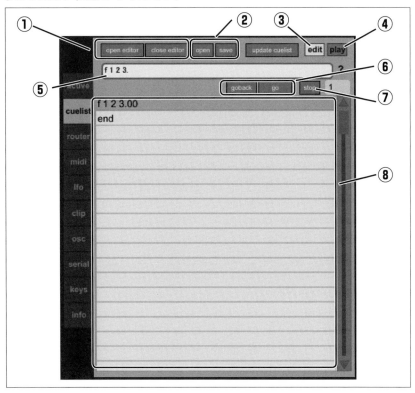

図6-1 キュー・リスト

[6-1] キュー (cue)

①キュー・リスト編集ウィンドウ操作ボタン…「キュー・リスト編集ウィンドウ」を起動（終了）する。
②キュー・リスト呼び出し／保存…「キュー・リスト」を呼び出し（保存）する。
③編集モード切替ボタン…編集モードに切り替える。
④キュー・リスト再生ボタン…再生モードに切り替える。
⑤リスト編集フォーム…下のリストでクリックした場所を編集する。
⑥次へ／戻るボタン…リストの次の行（前の行）に移動。
⑦再生停止ボタン…再生を止める。
⑧リスト表示フィールド…リストの一覧が表示される。

■「キュー」の表記方法

「キュー」は、数字とアルファベットで表示されます。
　数字は「プリセット番号」や「秒数」を表わし、アルファベットは「表示方法」を表わします。

　「キュー」の表記には、以下のようなものがあります。

・f（フェード）
　2つのプリセットを、指定の秒数でクロスフェードします。
　表記方法は、

```
f　先のプリセット番号　後のプリセット番号　秒数（それぞれの間は、半角スペース）
```

　たとえば、「f 1 5 3」だと、「プリセット1から5へ3秒かけてフェードする」、「f 2 9 4.00」だと、「プリセット2から9へ4秒かけてフェードする」といった意味になります。

・c（カット）
　プリセットを「指定の秒数」でカットインします。
　表記方法は、

```
c　プリセット番号（間は半角スペース）
```

たとえば、「c 1」であれば、「プリセット1をカットインする」という意味になります。

•d（ディレイ）

1つ前の行で開始した、プリセットの再生を維持します。
　表記方法は、

```
d　秒数（間は半角スペース）
```

　たとえば、1行目に「c 1 +（後述）」、2行目に「d 5」と書いてある場合は、「プリセット1をカットインし、その後5秒間は、そのまま再生し続ける」という意味になります。

•L（繰り返し）

指定の行に戻って、繰り返します。
　表記方法は、

```
L　行数（間は半角スペース）
```

　たとえば、「L 3」は、「3行目に戻って繰り返す」という意味になります。

•+（次の行へ）

次の行に、自動的に移動します。
「c」（カット）や、「f」（フェード）を使うときは、基本的に後ろに付けます。

　表記方法は、

```
c (f) のキュー　+（間は半角スペース）
```

　たとえば、「f 1 5 3 +」であれば、「プリセット1から5に、3秒かけてフェードした後、次の行へ」という意味になります。
　また、「c 1 +」であれば、「プリセット1をカットインした後、次の行へ」という意味です。

[6-1] キュー (cue)

・end（終了）

終了マークです。必ず最後に入れる必要があります。

*

以下に、「キュー・リスト」の書き方の例を挙げておきます。参考にしてください。

・「c」か「f」でプリセットを再生する。
・「d」で再生時間を決める。
・「c」か「f」の行尾には、「+」を付ける。
・繰り返しは「L」を使う。
・リストの最後は、「end」で終わる。

＜キューリストの例①＞

```
f 7 3 8.5 +   ←プリセット7から3へ8.5秒かけてフェード
end   ←最後に必ず付ける
```

＜キューリストの例②＞

```
c 2 +   ←プリセット2をカットインして次へ
d 50   ←2の再生を50秒維持
f 2 5 4 +   ←プリセット2から5へ4秒かけてフェード
L 1   ←1行目に戻って繰り返し
end   ←最後に必ず付ける
```

■「キュー・リスト」の編集

●「VPT」上で、キューを編集

[1]「editボタン」を押して、「編集モード」に切り替える。
[2]「リスト編集フォーム」で、キューを入力。
[3][Enter]キーを押す。

第6章 「VPT」のさまざまな機能

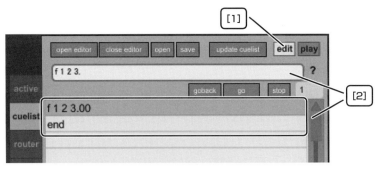

図6-2 「VPT」でのキューの編集

●「キュー・リスト編集ウィンドウ」でキューを編集

[1]「editボタン」を押して、「編集モード」にする。
[2]「open editor」ボタンを押してウィンドウを開き、「キュー・リスト編集ウィンドウ」でキューを記入。
[3]「close editorボタン」でウィンドウを閉じ、フィールドのリストに反映させる。

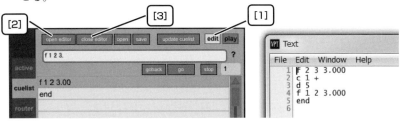

図6-3 「キュー・リスト編集ウィンドウ」でのキューの編集

●「キュー・リスト」を再生してみる

[1]「playボタン」を押して、「プレイ・モード」に切り替える。
[2] スタートしたい行をクリックすると、自動的に再生が始まる。
[3]「go」で次の行に、「go back」で前の行に移動できる。また、「stop」で停止する。

[6-2] 動画をミックスする

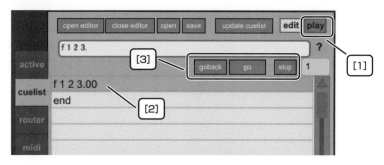

図6-4 「キュー・リスト」の再生

6-2 動画をミックスする

「VPT」では、動画や画像をミックス（合成）することもできます。
これは、「ソース・ペイン」の「ミックス・モジュール」を利用します。

「ミックス・モジュール」は、デフォルトでは「ビデオ・チャンネル」の7番目と8番目に割り当てられています。

■動画をミックスする

ミックスの手順は、次のとおりです。

[1]「ビデオ・チャンネル」内の、「quicktimeモジュール」（ここでは、ビデオ・チャンネル1）に、ミックスしたいソースを1つ入れる。

[2] 同じく、「ビデオ・チャンネル」内の「quicktimeモジュール」（ここでは、ビデオ・チャンネル2）に、もう1つのソースを入れる。

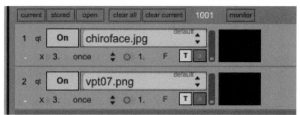

図6-5 それぞれのチャンネルにソースを入れる

第6章 「VPT」のさまざまな機能

[3]「ビデオ・チャンネル」内の「mixモジュール」に(ここでは、ビデオ・チャンネル7)の「A」をクリックし、**手順[1]**で設定した「ビデオ・チャンネル」を選択(ここでは、「1video」を設定)。

同じように「B」をクリックして、**手順[2]**で設定したチャンネルを選択(ここでは、「2video」を設定)。

[4]「mixモジュール」をオンにする。

図6-6 「mixモジュール」の設定を行なう

[5]「レイヤー設定ペイン」で、「レイヤー1」に手順[3]で設定した「mixモジュール」のチャンネルを選択(ここでは、「7video」を設定)。

図6-7 「レイヤー1」を「mixモジュール」のチャンネルにする

[6]レイヤーを選択。

図6-8 「レイヤー・リスト」からレイヤーを選択

[6-2] 動画をミックスする

[7] レイヤーの表示サイズを設定。

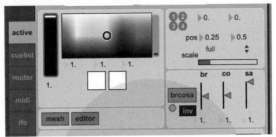

図6-9 アクティブタブから、レイヤーのサイズを設定する

設定に問題がなければ、2つのソースがミックスされて表示されます。

図6-10 ミックス前の、「1video」(左)と、「2video」(右)

図6-11 ミックスの結果

第6章 「VPT」のさまざまな機能

■ミックスの調整

ミックスは、「mixモジュール」から、それぞれを表示する割合などが調整できます。

各項目の詳細は、p.51で解説しているので、そちらを参照して、いろいろと試してみましょう。

6-3 「モジュール・タイプ」の変更

「ビデオ・チャンネル」の「モジュール・タイプ」は、設定で変更できます。

*

「VPT」をインストールしているディレクトリの、「defaultproject」ディレクトリにある「prefs.txt」ファイルを、「メモ帳」などのテキストファイルで開きます。

すると、最終行に「sourcebank "Q Q Q Q Q S M M"」と書かれているので、これを任意の組み合わせに変更して保存し、「VPT」を再起動します。

たとえば、設定項目には、以下のようなものがあります。

・Q…qtモジュール
・S…still（静止画）モジュール
・M…mixモジュール
・H…hapモジュール

*

「VPT」には、このほかにも「プレイリスト」や「ライブカメラ」「ループ設定」など、さまざまな機能があります。

使いこなせるようになれば、ライブ照明のような面白い「プロジェクション・マッピング」も可能になるでしょう。

ぜひ、チャレンジしてみてください。

附録 「VPT」インストール作業の補足

■インストーラのダウンロード

　第2章でも解説しましたが、「VPT」のインストーラは作者のサイトにある「VPT」のページからダウンロードします。
　現行では、「VPT7」が最新バージョンです（2015年12月末現在）。

「VPT」ダウンロードページ
https://hcgilje.wordpress.com/vpt/

　画面をスクロールすると、「Downloads」と書かれた箇所があり、そこにWindows用の「VPT 7 WIN」と書かれたリンクがあるので、クリックします。Macの場合は、「VPT 7 OS X」を選択してください。

附録 「VPT」インストール作業の補足

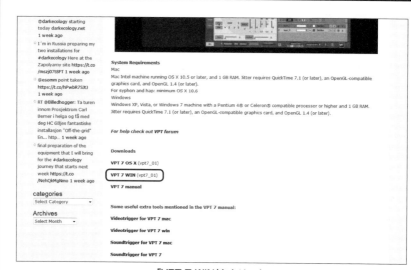

「VPT 7 WIN」をクリック

すると、ダウンロードを確認するダイアログが表示されるので、「保存」を選択します。

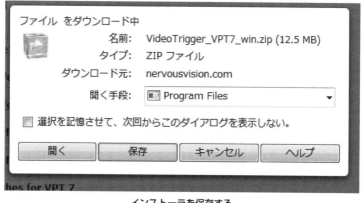

インストーラを保存する

■インストール作業

インストールは、ダウンロードしたZIPのアイコンを、ダブルクリックして解凍するだけです。

ZIPファイルを回答すれば、インストールは完了

解凍されたフォルダを開くと、「vpt7_01_win」というフォルダがあります。

これを開き、その中にある「vpt7.exe」という実行ファイルをクリックして実行します。

「vpt7.exe」からソフトを起動

開くのにやや時間がかかるソフトなので、焦らずに待ってください。

索引

50音順

《あ行》
- い 移動／変形 ………………………… 58
- 色選択 ………………………………… 57
- 色を付ける …………………………… 84
- インチ ………………………………… 31

《か行》
- か 重ね順 ……………………………… 46
- 画像作成ソフト ……………………… 28
- 画像素材 …………………………… 117
- 型 ……………………………………… 31
- カメラ・チャンネル ………………… 52
- き キュー・リスト ………………… 146
- く 矩形チャンネル …………………… 53
- こ コントロールタブ ………………… 55
- コントロールバー …………………… 65

《さ行》
- そ ソース ………………………… 48,68
- ソース・ペイン ……………………… 48
- ソースセット・コントロール ……… 54
- ソースの指定 ………………………… 74
- 素材を作る流れ …………………… 116

《た行》
- た 対応形式 …………………………… 53
- て テスト投影 ………………………… 35
- と 動画／画像チャンネル …………… 49
- 動画作成ソフト ……………………… 28
- 動画の読み込み ……………………… 73
- 投写画面サイズ ……………………… 30
- 投写距離 ……………………………… 30
- 投写距離シミュレータ ……………… 34

《は行》
- は 反転／ズーム …………………… 60.86
- ハンドル …………………………… 69,77
- ひ 必要な機材 ………………………… 26
- ふ プリセット ……………………… 71,81
- プリセット・コントロール ………… 47
- プリセット・リスト ………………… 46
- ブレ …………………………………… 87
- プロジェクタ ……………………… 27,29

《へ》
- ペイント …………………………… 119
- ほ ボカシ ………………………… 60,87
- 保存 …………………………………… 70

《ま行》
- ま マスク ………………………… 59,89,135
- マスク編集ウィンドウ ……………… 90
- み ミックス ………………………… 151
- め メッシュ ……………………… 59,107
- メッシュ編集ウィンドウ ………… 108

《や行》
- よ 余白の処理 ……………………… 117

《ら行》
- れ レイヤー …………………………… 68
- レイヤー・コントロール …………… 45
- レイヤー・ペイン …………………… 45
- レイヤー・リスト …………………… 46
- レイヤー設定ペイン ………………… 54
- レイヤー選択 ………………………… 56
- レイヤーの追加と削除 ……………… 72
- レイヤーの変形と移動 ……………… 77

アルファベット順

- active ………………………………… 56
- brcosa ………………………………… 59
- clip …………………………………… 63
- cuelist ………………………………… 61
- info …………………………………… 65
- keys …………………………………… 64
- lfo ……………………………………… 62
- midi …………………………………… 62
- mixモジュール ……………………… 51
- osc …………………………………… 63
- PMソフト …………………………… 28
- PowerPoint ………………………… 125
- qtモジュール ………………………… 49
- router ………………………………… 61
- serial ………………………………… 64
- stillモジュール ……………………… 50
- Video1〜8 …………………………… 49
- VPT ……………………………… 27,40

■著者略歴

小笠原　種高（おがさわら・しげたか）

テクニカルライター、イラストレーター、フォトグラファーを努める傍ら、システム開発やWebサイト構築の企画、マネジメント、コンサルティングに従事。

主な著書は、
「はじめてのキャラみんStudio」「256将軍と学ぶWebサーバ（共著）」（工学社）
「はじめてのAccess2013」「はじめてのExcel2013 ビジネス編」（共著:秀和システム）
など。

本書の内容に関するご質問は、
①返信用の切手を同封した手紙
②往復はがき
③FAX(03)5269-6031
　（ご自宅のFAX番号を明記してください）
④E-mail　editors@kohgakusha.co.jp
のいずれかで、工学社編集部宛にお願いします。
なお、電話によるお問い合わせはご遠慮ください。

サポートページは下記にあります。

［工学社サイト］
http://www.kohgakusha.co.jp/

I/O BOOKS
はじめてのプロジェクションマッピング

平成27年12月25日　第1版第1刷発行　ⓒ 2015	著　者	小笠原　種高
平成29年11月1日　第1版第2刷発行	編　集	I/O編集部
	発行人	星　正明
	発行所	株式会社 **工学社**
	〒160-0004 東京都新宿区四谷 4-28-20 2F	
	電話	(03)5269-2041 (代) [営業]
		(03)5269-6041 (代) [編集]
	振替口座	00150-6-22510

※定価はカバーに表示してあります。

［印刷］シナノ印刷（株）

ISBN978-4-7775-1928-6